アニメと鉄道ビジネス

キャラクターが地域と鉄道を進化させる

栗原　景
Kurihara Kageri

交通新聞社新書 147

アニメと鉄道ビジネス――目次

はじめに

アニメと鉄道の不思議な親和性

近頃のアニメには、鉄道がよく出てくる。2016年に公開され、興行収入250億円あまりを記録した新海誠監督の「君の名は。」には、東京都心のJR線をはじめ、東海道新幹線や高山本線など数多くの鉄道が描かれた。同じく2016年に公開され、3年余りにわたるロングラン上映となった片渕須直監督の「この世界の片隅に」にも広島駅や広島電鉄といった鉄道施設が描かれ、戦時中の世相を伝える役割を果たしている。藤子不二雄A原作の「笑ゥせぇるすまんNEW」(2017年)では、第3話で鉄道ファンを取り上げた「ああ、愛しの583系」が放送され、武蔵野線の貨物列車や、583系寝台電車がやたらとリアルに描かれた。2018年には、とうとうJRグループ公認の変形ロボットアニメ「新幹線変形ロボ シンカリオン」がオンエア。子供から大人まで幅広い層に人気を博した。

全国の鉄道を見渡すと、毎日どこかの路線で、アニメーション作品とのコラボレーションが行われている。

2020年10月には、大手私鉄の西武鉄道で、アニメ「ドラえもん」とタイアップした

「ＤＯＲＡＥＭＯＮ－ＧＯ！」が運行を開始したし、福島県の会津鉄道では「ノラと皇女と野良猫ハート」に登場する猫の「ノラ」が、猫が働く駅として有名な芦ノ牧温泉駅の名誉副駅長に就任。２０１８年９月から、同社のお座敷トロッコ列車に同作のキャラクターをラッピングした「ノラとと列車」が運行されている。

ＪＲでも、アニメとのコラボは活発だ。岩手県の一ノ関駅と、宮城県の気仙沼駅を結ぶＪＲ東日本の大船渡線では、「ポケットモンスター」をモチーフとした「ＰＯＫÉＭＯＮ ｗｉｔｈ Ｙｏｕトレイン」が運行されているし、２０２０年にはＪＲ東海の身延線に臨時急行「ゆるキャン△梨っ子号」が運行された。２０１５年には、ＪＲ西日本が山陽新幹線の博多開業40周年を記念して「エヴァンゲリオン」とコラボし、「５００ ＴＹＰＥ ＥＶＡ」を運行したことも記憶に新しい。

アニメと鉄道は、なぜこんなにも親和性が高いのか。本書では、さまざまな事例を取り上げて、この不思議な組み合わせの魅力と効果を紹介していく。新書の特性上、雑誌やネット記事のように多数の場面写真とともに「この作品のこの場面にはこの鉄道が登場する」と紹介していくことは難しいが、なるべく多くの視点に立ち、アニメと鉄道の関係性をひもといていきたい。

「鉄道」というガジェットに魅せられたアニメ・漫画クリエイターの視点。「アニメ」というコンテンツを見出し、10年以上にわたってさまざまなコラボレーションを展開してきた大手私鉄の視点。ニュースなどでも大きく取り上げられた、人気アニメシリーズと新幹線とのまさかのコラボレーション秘話。そして、「聖地巡礼」ブームと鉄道との関係や、ラッピングトレインが現在のように普及するまでの歩みも見逃せない。後半では、アニメーションに留まらず、近年一層盛り上がっているキャラクタービジネスと鉄道の結びつきについても取材・レポートしている。

まずは、アニメーションという表現が誕生し、日本で発展しながら鉄道と結びついて現在に至る歴史を概観してみよう。本書の目次的な役割も果たしている。

なお、本書で紹介しているアニメーション作品の内容や評価については、取材に答えてくださった方の発言を除き、すべて筆者の取材と主観に基づく解釈であることをお断りしておく。元号は、昭和以前についてはカッコで元号を記し、平成・令和については原則として省略した。本文中で紹介している人物については一部敬称を略させていただいた。

２０２０年11月7日　　栗原 景

第1章

アニメと鉄道の関係史

初の国産鉄道アニメ、「太郎さんの汽車」

商業アニメーションの歴史は、1908年にフランスのエミール・コールが制作した「ファンタスマゴリー」にはじまるとされる。線で描かれたピエロとその周囲のものが、さまざまなものに変化する1分ほどの作品だ。滑らかに絵が動き、ワインが花瓶や象に変化するアニメーションは世界中で大評判となった。欧米で制作されたアニメーション作品は、「凸坊新畫帖」、「トリック応用滑稽線画」といった名称で日本にも輸入され、1917（大正6）年には下川凹天による初の国産アニメーション作品「凸坊新畫帖 芋助猪狩の巻」が公開された。

1929（昭和4）年、早くも日本で鉄道をテーマとしたアニメーション作品が登場する。それが、「太郎さんの汽車」だ。父親に汽車のおもちゃを買ってもらった太郎さんが、動物たちが乗り合わせる汽車の車掌になる夢を見るという作品で、「座席を譲り合う」「ゴミを捨てない」といった車内マナーがテンポ良く紹介される。

アニメーションを担当したのは、切り紙アニメーション作家の村田安司。切り紙とは、

太郎さんの汽車　疾走感あふれる機関車の走行シーンからはじまる

乗客たちは皆動物だが、客車内の描写はかなりリアルだ

紙を切って絵を表現する手法で、セル画が普及する以前は背景画の上に切り紙を置いてコマ撮りする切り紙アニメーションが主流だった。村田の切り絵は、繊細かつ緻密な作画が特徴で、当時の蒸気機関車や二重屋根の客車が写実的に描かれている。クライマックスの、車内から投げ捨てられた酒瓶がぶつかった保線員の猿が、保線車両に乗って汽車を追いかけるトレインチェイスは圧巻だ。猿が尻尾で客車に捕まろうとしたり、空中を泳いだりと、現在でも通じそうなアニメーションらしい表現が楽しめる。

村田は、こうした教育アニメーションを得意とし、1932（昭和7）年には、教育映画「汽車の発達」の作画を担当している。こちらは、当時の小学校の教科書に準拠した作品で、蒸気機関や、鉄道の台車が線路の上を走る仕組みをアニメーションで解説した。これらの作品のアニメーションパートは、現在日本アニメーションクラシックスのホームページで閲覧できる。

1930年代は、アメリカでディズニーアニメが大流行した時代だ。ウォルト・ディズニーは、大の鉄道ファンだった（3章参照）。ウォルトが初めてヒットを飛ばした商業アニメは、「トロリー・トラブルズ」という路面電車を舞台にした作品だったし、映画「ダンボ」に登場したちょっと生意気な蒸気機関車「ケイシー・ジュニア」は、80年近くが経過した今も、アメリカ・ディズニーランドを走る機関車として親しまれている。

リアリズムを追及したエイトマン

太平洋戦争終戦後、復興が進むと、日本のアニメーションは大きな発展を遂げる。1958（昭和33）年、東映によって初の長編カラーアニメーション映画「白蛇伝」が公開。テレビではいくつかの実験作品を経て、1963（昭和38）年1月1日から手塚治虫原作の「鉄腕アトム」の放送が開始された。

同年11月、TBS系列でヒーローアニメ「エイトマン」の放送が始まった。「エイトマン」は、週刊少年マガジンに連載されていた平井和正原作・桑田次郎作画の「8マン」を原作とする作品だ。凶悪犯に殺害された刑事・東八郎が、科学者・谷博士の手によってスーパーロボットとして甦り、普段は私立探偵東八郎として、ひとたび事件が起きると、警視庁の秘密捜査官「エイトマン」として活躍する。

その「エイトマン」のオープニングに、東海道新幹線が登場する。弾丸よりも速く走る

新幹線試験車両1000形B編成の東京方先頭車両　窓枠が前面ガラスの中心に来ていることから見分けることができる

エイトマンが新幹線を抜き去るシーンで、現実に存在する鉄道がアニメーション作品に描かれた、最初の事例となった。ただし、エイトマンが放送された1963年は、まだ東海道新幹線の開業前。この新幹線は、走行実験に使われていた試作車両1000形だ。この車両は、「エイトマン」放送開始の1年半前にあたる1962（昭和37）年6月に完成したもので、2両編成のA編成と、4両編成のB編成があった。「エイトマン」の映像を実際の1000形と比較すると、新幹線らしい先頭部の形状はもちろん、運転席の窓枠の形状、サイドの列車番号表示器など、この当時としてはかなり精巧に描かれている。塗装や窓の形などから、B編成の東京方先頭車であ

「エイトマン」を象徴するシーンとなった　©平井和正・桑田二郎／TBS

ると特定できる。

「エイトマン」は、「鉄腕アトム」「鉄人28号」に続いて放送されたSFヒーローアニメだ。どちらかというと子供向けだった先行2作との差別化を図るため、「エイトマン」は最先端のSF技術と、リアリズムを取り入れ、シリアスな作品を指向した。脚本家には、豊田有恒、半村良、加納一朗といった、その後日本を代表するSF作家として活躍した作家たちを起用。スーパーロボットであるエイトマンは定期的に冷却しないと超小型原子炉が過熱するといった、現実的な設定が盛り込まれた。作画も、特に放送中盤以降になると技術が向上し、背景をぼかして人物を浮かび上がらせたり、照明による陰影を効果的に描いたりといった映画的手法が積極的に導入されている。拳銃や自動車といった実在のメカも、形状はもちろん鉄の質感まで精巧に作画され、高校生など比較的高い年齢層にも受け入れられたのである。

オープニングの高品質な新幹線試作車両は、こうしたリアリズムを追求する姿勢から生まれたものだ。1963年当時、新幹線は各地で建設と試験走行が進み、東京オリンピックまでに開業を目指す新しい時代の象徴として注目を集めていた。その新幹線を主題歌のバックに描くことで、「弾丸よりも速く走る」エイトマンに、リアリティを与えたのである。テレビアニメが現実とリンクし作品に深みを与えた、最初期の事例だ。

「緑の電車」にデフォルメされた「サザエさん」の電車

1960年代後半、昭和40年代に入ると、「鉄腕アトム」以来主流を占めてきたSFヒーローものが徐々に子供たちから飽きられ、「オバケのQ太郎」(1965年)、「おそ松くん」(1966年)といった、日常世界を舞台にした生活ギャグアニメが人気となった。

しかし、この時代の漫画・アニメはあくまで空想のおもしろい物語。現実世界をリアルに表現するという発想は少なかった。

２０２０年現在も放送が続く「サザエさん」がフジテレビ系列でスタートしたのは、１９６９（昭和44）年10月のことだ。「サザエさん」では、ごく初期から磯野家が日常的に利用する公共交通として電車と駅が登場するが、ほとんどは漫画的な、デフォルメされた通勤電車だった。１９７０（昭和45）年３月１日放送の「桃の花の伝言板」では、ワカメが見知らぬおばさんを待つ場所として磯野家の最寄り駅が舞台となる。駅名標には単に「えき」としか表示されておらず、発着する電車も、緑色の車体が山手線をイメージさせるものの、実在の車両を描いたものではなかった。いわば、「磯野家最寄りの通勤駅」という記号としてのみ存在した。当時の生活ギャグアニメは、これで十分だった。

一方、家族旅行など特別な回では、リアルな列車がピンポイントで表現されている。１９７０年11月22日放送の「一家そろって」は、磯野・フグ田家が一家揃って箱根旅行に出かける話で、冒頭から当時小田急電鉄のフラッグシップトレインだったロマンスカー３１００形ＮＳＥが登場。小田急独特のミュージックホーン（メロディのついた汽笛）まで流れた。１９７１（昭和46）年４月25日放送の「静岡よいとこ」には、当時東京～静

小田急ロマンスカー3100形NSE　ロマンスカー初の展望席設置車両だ

岡・名古屋・大垣間で運行されていた急行「東海」の153系電車が、「湘南色」と呼ばれた緑とオレンジのツートンカラーとともに登場。行先表示幕にはご丁寧に「湘南」の文字が表示されていた。

さらに同年11月21日放送の「いそげ！山形」は、祖母の危篤を聞いた三河屋の三平さんが、タラちゃんと上野発山形行き特急「やまばと」に乗る話。ボンネットタイプのクハ481形が、国鉄エンブレムや屋根上のキノコ形クーラーまで再現された。

当時の「サザエさん」は、概ね半年に1回程度、家族旅行や地方の親戚にまつわるエピソードが放送されており、そのたびに「いつもよりちょっとだけリアルな電車」が登場した。大阪へ行くときは新幹線、静岡へ行くなら湘南電車、東北へ行くのは国鉄特急と、目的地のイメージに沿った電車を描くことで、説得力をもたせたのである。

磯野家の最寄り駅は１９７１年１月17日の放送から「あさひが丘駅」という名称が与えられたが、発着する電車は、今も緑一色の「国鉄時代の山手線風」電車である。磯野家の日常は、あくまでもフィクションの世界なのだ。

なお、ここで紹介した初期の「サザエさん」は、２０２０年11月現在、フジテレビオンデマンドなどの配信サービスで視聴できる。

実在のプロ野球選手や蒸気機関車を取材した「巨人の星」

「エイトマン」でも「サザエさん」でも、鉄道は「本物らしさ」、つまりリアリズムの表現に用いられてきた。

アニメーションとリアリズムは、密接な関係にある。初期においては、人物や動物などの「動き」を本物らしく見せるという形で追及されたが、劇画ブームが到来すると、現実に存在する人やものを、リアルに表現する試みが行われていく。

1968年、この年はメキシコオリンピック開催の年だ。東京オリンピックの次の大会であり、国内では「東京オリンピックの続編」的な空気もあって、全国にスポーツブームが再来する。漫画・アニメの世界でも、現実のスポーツを取り上げるスポ根ブームが巻き起こった。

そうした中、スタートしたのが「巨人の星」だ。元巨人軍の三塁手だった父・星一徹によって幼い頃から野球の英才教育を受けた星飛雄馬が、高校野球やプロ野球を舞台に花形満をはじめとするライバルたちと戦う、スポ根アニメの金字塔である。

この作品では、読売巨人軍が協力し、王貞治、長嶋茂雄、金田正一といった実在の選手が実名で登場した。作画を担当したのは、現在「ドラえもん」や「クレヨンしんちゃん」を制作しているシンエイ動画の前身、Aプロダクションだ。スタッフたちは巨人軍多摩川グラウンドや後楽園球場に通い、選手の表情やフォームを観察し、作画に反映させた。実在の人物や組織を忠実にアニメーションで再現する試みは、「巨人の星」から始まったと言ってよい。

この「巨人の星」にも、鉄道が登場する。それが、1969年12月20日放送の「栄光の

巨人の星「栄光のピッチング（沢村栄治物語）」の、伊勢市駅での出征シーンのロケハンをした際に撮影されたC57形　伊勢市駅　撮影・南正時

ピッチング（沢村栄治物語）」だ。戦前の巨人軍で活躍し、太平洋戦争末期に戦死した沢村栄治投手の半生を、医者が入院中の星飛雄馬に語るという話である。作中、沢村が列車で出征していくシーンが描かれているが、このシーンの作画にあたり、Aプロダクションは沢村が実際に出征した三重県伊勢市にスタッフを派遣し、国鉄参宮線に残っていたC57形蒸気機関車と客車列車を取材した。実際に描かれたシーンはわずか数秒だったが、映像に真実味をもたせるため、既存の写真に頼らずわざわざ現地取材が行われたのである。この時、資料写真の撮影を担当したのは、当時若きアニメーターで後に鉄道写真家となる、南正時氏だった。

鉄道とアニメのコラボレーション第一号「銀河鉄道999」

1976（昭和51）年頃から、「宇宙戦艦ヤマト」ブームが到来する。本格的なSF設定と人間ドラマを盛り込んだ「ヤマト」は、アニメの視聴者を子供だけでなくSFファンをはじめとする大人にまで拡げ、社会現象とも言えるムーブメントとなった。

そのブームを受け継ぐ形で、1978（昭和53）年9月14日、フジテレビ系列で放送が始まった作品が、松本零士氏原作の「銀河鉄道999」だ。機械の身体によって、人類が永遠の命を獲得した未来。少年・星野鉄郎が謎の美女メーテルとともに、国鉄C62形機関車の姿をした超特急「999（スリーナイン）号」に乗って「機械の身体をタダでくれる星」へ旅をする。原作漫画をはじめ、テレビアニメと劇場版アニメがそれぞれ企画され、いずれも大ヒットを記録した。

この作品は、国鉄の蒸気機関車全廃（1976年）に伴うSLブームの末期に原作の連載が始まり、C62形蒸気機関車の姿をした999号のリアルな作画に注目が集まった。1979（昭和54）年7月22・23日には、映画版の公開を記念して、上野駅から行先不明

1979年公開の劇場版「銀河鉄道999」より
©松本零士・東映アニメーション

銀河鉄道999の映画公開を記念したミステリー列車　1979年7月22日にEF65形電気機関車に牽引されて上野駅を出発した　車内では制服に身を包んだ松本零士氏が検札するイベントも

のミステリー列車「銀河鉄道999号」が運行。国鉄がアニメ作品とタイアップした、初めての事例となった。その後も、「銀河鉄道999」は北海道の第三セクター鉄道から大手私鉄の西武鉄道まで、さまざまな鉄道事業者とコラボレーションを行っている。鉄道を愛する松本零士氏の活動と相まって、アニメと鉄道コラボの代名詞的な作品になった。

リアルロボットアニメブーム

国鉄が999号を走らせていた頃、テレビではまた一つ、新しいアニメ作品の放送が始まった。1979年4月7日から名古屋テレビ・テレビ朝日系列で放送された「機動戦士ガンダム」だ。

舞台は、人類が増えすぎた人口を宇宙に移民させるようになった時代。植民地的な扱いを受けた宇宙移民者たちが、地球連邦に対して独立戦争を挑むという物語だ。本作では、ロボットを従来の作品ような必殺技をもった無敵の存在ではなく、「モビルスーツ」と呼ばれる兵器と定義。試作機、量産機、旧式機といった大量生産を行う工業製品として表現された。同時に、敵も宇宙人などではなく血の通った人間として描写され、主人公側の組織も必ずしも正義ではないなど、「リアル」な設定を備えた作品だった。

「ガンダム」は、スポンサーのおもちゃメーカーがターゲットとしていた小学生低学年の子供にはやや難解で、視聴率に苦戦した末、放送期間を全52話から43話に短縮して放送が打ち切られてしまった。しかし放送終了前後から十〜二十代の青年層を中心に人気が爆発。現実感を感じさせる設定を盛り込む「リアルロボットブーム」が到来し、「太陽の牙ダグラム」、「装甲騎兵ボトムズ」、「戦闘メカ ザブングル」といった、数々の作品が生み出された。

現実世界を描いた「機動警察パトレイバー」

1988（昭和63）年、そうしたリアルロボット路線の、一つの到達点とも言える作品が現れた。「機動警察パトレイバー」だ。

「パトレイバー」は、ゆうきまさみ、高田明美、出渕裕らによるクリエイター集団ヘッ

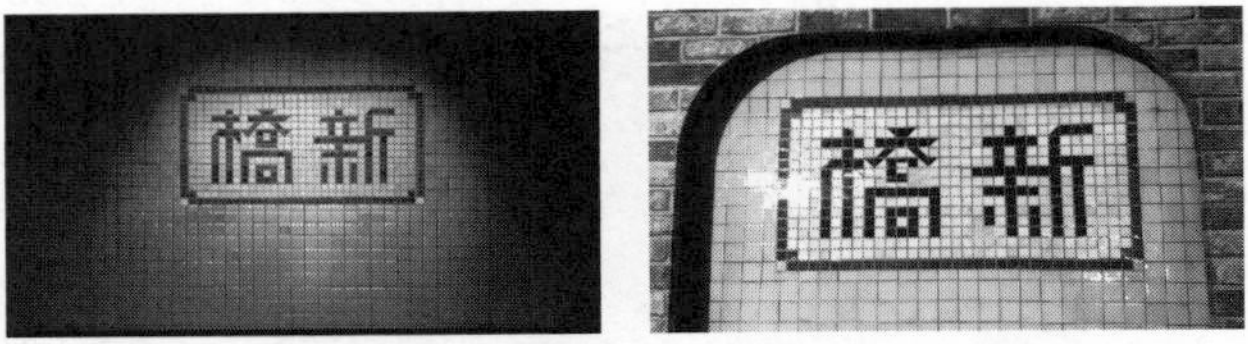

機動警察パトレイバー2the Movieより　左がアニメ中のシーンで右が実写だ　モザイクタイルの駅名表示が精巧に描かれているのがよくわかる
©HEADGEAR

機動警察パトレイバー2the Movieに登場した旧新橋駅のホームは「幻のホーム」として保存されている

パトレイバーが地下鉄を使用して輸送されるシーンは大きな話題を呼んだ
©HEADGEAR

ドギアによって制作されたメディアミックス作品である。ロボットをブルドーザーやパワーショベルなどから発達した土木機械と定義し、「レイバー」（労働者の意）という商品名を設定。作品発表時から見て約10年後にあたる１９９８年を舞台とし、レイバーによる犯罪に対抗するため、警視庁にパトカーならぬパトレイバー隊が創設された、という物語だ。作品は、まず販売・レンタル用のオリジナルビデオアニメーション（ＯＶＡ）として発表され、ほぼ同時に、ゆうきまさみによる漫画が週刊少年サンデーで連載を開始した。

この作品が画期的だったのは、レイバー、つまり巨大ロボットが、現実の日本社会に溶け込んで描かれたことである。警察用レイバーは実際のパトカーと同じ配色で、旭日章やパトランプを装備。OVA第一話では、東京都内の実在する場所で、フィクションであるロボット同士が戦う物語が展開された。「言問通りの鶯谷駅前交差点でテロリストを迎撃し、日暮里方面ではなく上野方面に誘導して上野公園に誘い込む」といった、実際の地図に即した、現実世界を舞台とするストーリーが展開されたのである。

「パトレイバー」は、大学生や社会人など、リアルロボット作品で育った世代に支持され、劇場版、テレビ版が次々と制作された。

その集大成的な作品が、1993年に公開された、押井守監督の「機動警察パトレイバー2 the Movie」だ。後に「攻殻機動隊」を制作する押井監督は、本作で漫画的な表現を徹底的に排除し、広角レンズの効果を利用したり、人物や町を写実的に描いたりと、リアリズムに徹した映像を創り上げた。

物語は「もしも、現代の東京が戦争状態に置かれたら」というコンセプトで、新宿、渋谷、東京駅など都内のあらゆる場所が現実そのままに描かれる。

そのクライマックスで、破壊を免れたパトレイバーを極秘に都心へ運搬する手段として当時の営団地下鉄丸ノ内線及び銀座線が登場。実在する、旧東京高速鉄道（東京メトロの前身の一つ）新橋駅のホーム跡が、物語の鍵となる場所となった。

「パトレイバー」のように、アニメーションが「リアルさ」を求めるに従い、現実と同じ街や施設を登場させる作品は、1980年代から徐々に増加した。同時に、鉄道がリアルに描かれる作品も増えていった。

リアルさが追求された結果「聖地巡礼」が始まる

現代のアニメではすっかりお馴染みとなった、実在の町や風景を丹念に取材し、アニメーションで正確に再現する手法。これを完成させたのが、スタジオジブリの高畑勲だ。ある時代の、実際の風景を再現する手段としてのアニメーション表現で、「火垂るの墓」（1988年）と「おもひでぽろぽろ」（1991年）の二作品で確立されたと言っていい。「火垂るの墓」には阪急電車が、「おもひでぽろぽろ」には上野駅や寝台特急がリアルに描かれ、作品にリアリティを与えていた（3章参照）。

この手法は、1993年のスペシャルテレビアニメ「海がきこえる」を経て、1995年公開の近藤喜文監督作品「耳をすませば」に受け継がれる。本作の舞台は、京王電鉄の

OVA「究極超人あ～る」の中盤からたびたび描かれる119系車両
作品の舞台となった飯田線からは2012年に引退した

聖蹟桜ヶ丘周辺をモデルとしており、公開直後から多くのファンが「耳すま」の舞台を訪れた。地元の桜ヶ丘商店連合会では、今も「耳をすませばモデル地案内マップ」をホームページなどで配布している。

ファンによるアニメのロケ地訪問、今で言う「聖地巡礼」という楽しみ方が生まれたのも、この頃だ。当時はまだ「聖地巡礼」という言葉はなかったが、その源流は、「耳をすませば」のほか、「究極超人あ～る」（１９９１年）、「美少女戦士セーラームーン」（１９９２年）、「天地無用！魎皇鬼」（１９９２年）などに求められる。「究極超人あ～る」のアニメは、販売・レンタル用のＯＶＡながら全編ＪＲを利用した鉄道旅行のエピソードで、主な舞台

江ノ島電鉄　鎌倉高校前1号踏切

となったJR飯田線と田切駅は、「聖地」として今も多くのファンが訪れている（6章参照）。

　1993年10月、井上雄彦原作の「SLAM DUNK」がテレビ朝日系列でスタート。オープニングでは、江ノ島電鉄の鎌倉高校前1号踏切と、1956（昭和31）年製造の300形電車が描かれた。作品本編には実際の風景を再現したシーンは多くないが、江ノ電の電車を、湘南海岸とともにオープニングで描くことで、物語の舞台が江ノ島・鎌倉一帯であることを視聴者に強く印象づけた。鎌倉高校前1号踏切はスラムダンクを象徴するスポットとなり、後には台湾など海外からの旅行者も大勢訪れるようになった。

実在の地域の近未来を描いた「新世紀エヴァンゲリオン」

1995年10月、テレビ東京系列で「新世紀エヴァンゲリオン」の放送が始まった。「ふしぎの海のナディア」などを制作した庵野秀明監督による作品で、「セカンドインパクト」と呼ばれる大災害に見舞われた世界を舞台に、汎用人型決戦兵器「エヴァンゲリオン」と、人類を襲う謎の敵「使徒」との戦いを描いた作品だ。

「エヴァンゲリオン」は、勧善懲悪的なスーパーヒーローものでもなければ、80年代に流行したリアルロボットものとも違った。心に闇を抱えた少年少女が、目の前の運命に悩みながら闘う、それまでにないタイプの作品だった。90年代はバブル崩壊や阪神・淡路大震災などが相次ぎ、社会全体が不安に包まれていた時代。「エヴァンゲリオン」はそんな時代の空気を反映していたように見えた。特に、物語を放棄したかのようなラストは衝撃的で、多くの人がその解釈をめぐって議論を交わし、「エヴァンゲリオン」は90年代を象徴する作品となった。

本作では、セカンドインパクトによって首都・東京が壊滅し、新たに箱根に建設された防衛都市・第3新東京市が登場する。美しい箱根外輪山に囲まれた仙石原に、現実とは異なる未来都市が、桃源台、元箱根といった実在の地名とともに描かれた。一方で、麓にある箱根湯本駅は観光看板を含めて１９９５年当時のまま映し出され、小田急電鉄の特急ロマンスカー１００００形ＨｉＳＥによく似た〝特急リニア〟も登場。物語の冒頭では強羅駅と思しき駅で箱根登山鉄道の１０８号車によく似た電車が吹き飛ばされるシーンもあった。

現実の風景の中に、フィクションの風景が描かれる。視聴者は「新世紀エヴァンゲリオン」に箱根の未来の姿を見た。

京都アニメーションの登場とブログの普及

２０００年代に入ると、新しい潮流が生まれた。きっかけは、京都アニメーションの元請参入だ。１９８１（昭和56）年に創業した京都アニメーションは、当初タツノコプロダクションやスタジオジブリなどが制作する作品の仕上げを行う、いわゆる下請け制作会社だった。やがてその丁寧な仕事ぶりが業界で認められ、1話単位で製作を請け負うグロス請を経て、2003年、「フルメタル・パニック? ふもっふ」で作品ごと請け負う元請に参入した。

「フルメタル・パニック」シリーズは、賀東招二のライトノベルを原作とするアニメで、傭兵として生き抜いてきた相良宗介が、少女を護衛するために日本の平和な都立高校に入学するSFアクション・コメディ作品だ。「ふもっふ」は、2002年放送の「フルメタル・パニック!」に続く作品で、学園コメディ色の強い短編エピソードをアニメ化したもの。京王電鉄千川駅周辺によく似た町の風景が、リアルに描かれたことで話題となった。

京都アニメーションは、続く2005年1~3月に放送した「Ａｉｒ」でも、和歌山県御坊市や兵庫県香美町などの風景を作品上に再現。紀州鉄道の廃線跡や、北近畿タンゴ鉄道(現・京都丹後鉄道)宮津線の由良川橋梁などと思われる鉄道が印象的に描かれた。これは実際にこれらの地域が舞台に設定されたのではなく、原作であるゲームの世界観を表現するために、さまざまな町からイメージに合う場所をピックアップしたものだ。

この頃、インターネットの知識がなくても日記形式のホームページを運営できる、ブログサービスが爆発的に普及する。デジタルカメラの低価格化・高性能化も進み、誰でも手軽に文章や画像を世間に公表できるようになった。

ブログの普及とともに、アニメ作品に描かれた街のモデルを探し出して、ネットで報告する人が増えていった。こうした遊びをアニメファンらが「聖地巡礼」と呼ぶようになったのは、この頃からだ。

「電車男」と「ハルヒ」を契機にポップカルチャーが一般に拡大

「Ａｉｒ」の放送と同じ２００５年7月、フジテレビ系列でドラマ「電車男」が放送された。当時流行していた匿名掲示板2ちゃんねる（現・5ちゃんねる）の書き込みを元にした恋愛ドラマで、アニメ・ゲームなどのポップカルチャー、いわゆる秋葉原系オタク文化を丁寧にドラマに再現した。「新世紀エヴァンゲリオン」が放送された１９９０年代から、アニメ・ゲーム文化の一般化は徐々に進んでいたが、「電車男」もまた、アニメのイメージを「オタクの趣味」から「なんだかディープで面白そうなもの」に変える、ひとつの契機となった。

ところで、「電車男」はおたくの青年が電車内で酔っ払いに絡まれていた女性を助ける話で、鉄道趣味とは関係がない。だが、ドラマのオープニングアニメに電車が多数登場したせいか、これ以降メディアを中心に、鉄道ファンを「電車男」と称して取り上げる例が増えた。

深夜番組の「タモリ倶楽部」で鉄道趣味を取り上げる回が増えたのもこの時期だ。高齢層を中心に人気が高かった寝台列車が終焉に向かいつつあったタイミングでもあり、鉄道趣味に対する世間の注目が高まった。鉄道ファンであることを公表する著名人や、鉄道アイドルを称する芸能人も増え、2007年の鉄道博物館開館も後押しして「鉄道ブーム」とも言われる現象が発生していった。

そうした中、2006年、京都アニメーション制作による「涼宮ハルヒの憂鬱」が放送される。平凡な高校生「キョン」を主人公に、自覚のないまま世界のあらゆることに影響を及ぼす勝ち気な美少女・涼宮ハルヒと、彼女のもとに集まった未来人や異世界人、超能力者たちが巻き起こす日常と非日常を描くSF作品だ。

「涼宮ハルヒの憂鬱」は、2006年当時としては、作画、ストーリー、キャラクター

涼宮ハルヒの憂鬱2009年版5話に登場した踏切のシーン　通り過ぎる阪急電鉄6000系電車も正確に描かれている　©2006 谷川 流・いとうのいぢ／SOS団

のいずれも完成度が群を抜いて高かった。日本のアニメの水準を一段階引き上げたとも言える。特に作画クオリティの高さは毎週放送のテレビアニメとしては衝撃的で、舞台のモデルとなった兵庫県西宮市の風景が実写さながらに再現された。背景だけでなく動きもレベルが高く、ライブシーンではギターやドラムを演奏する動きが実際の曲に完全にシンクロするなど、従来のテレビアニメでは考えられないほどのクオリティだったのである。エンディング曲の「ハレ晴レユカイ」は、キャラクターのダンスが注目され、ＹｏｕＴｕｂｅや秋葉原の路上などで踊る人が続出。現在のＴｉｋＴｏｋにもつながる「踊ってみた」系動画の先駆となった。

「ハルヒ」に鉄道が登場するシーンは少ないが、

阪急電鉄甲陽園駅や西宮北口駅に似た駅が登場。阪急電鉄6000系電車や、甲陽園駅から高校までの道のりもそっくりに描かれるなど、「電車のある日常風景」が実写さながらに描かれ、作品のリアリティを高めた。

「涼宮ハルヒの憂鬱」は大ブームを巻き起こし、アニメファンを激増させた。それまでアニメにさほど興味のなかった層も惹きつけ、前年の「電車男」と合わせ、アニメやネットなどのポップカルチャーが一般層にまで広がるきっかけを作った。

「聖地巡礼」ブームから鉄道とのコラボレーションが増加

鉄道とアニメの正式なコラボレーションは、1979（昭和54）年の「銀河鉄道999号」以降、しばらくは事例がなかった。状況が変わったのは、国鉄がJRに変わり、さまざまな誘客キャンペーンが展開されるようになってからだ。

1997年、アニメ「ポケットモンスター」の放送開始を記念して、JR東日本が東京都内30の駅にポケモンのスタンプを設置する「JR東日本ポケモンスタンプラリー」を開催した。このイベントは、ポケモンブームに乗って毎年夏休み恒例のイベントに成長し、2000年からは車内をポケモン一色にした山手線「ポケモントレイン」の運行がスタート。東京都の条例が改正されて屋外広告物の規制が緩和されると、2002年から「ポケモンラッピングトレイン」に進化した（7章参照）。

2000年代は、規制緩和とラッピング技術の向上・低廉化によって、広告を中心にラッピングトレインが普及した時代だった。90年代にはきわめて高価だったラッピングは、2000年代末には中堅鉄道事業者でも手の届くものとなり、純粋な広告だけでなくアニメとのタイアップも増えていく。大手私鉄では東急電鉄が「ウルトラマン電車」や「プリキュア電車」を走らせ、地方でも、JR四国の「アンパンマン列車」やJR仙石線の「マンガッタンライナー」など、アニメや漫画のキャラクターをラッピングした列車が続々と登場した。

そこへ到来したのが、いわゆる「聖地巡礼ブーム」だった。アニメの作画クオリティの進化と共に、現実の風景がアニメに描かれることが増加。アニメファンは、作中で描かれたシーンの場所を特定することを一種の「宝探し」のように楽しみ、モデルとされた場所を「聖地」と呼んで訪れるようになった。

観光地でもない場所に、突然多くの人が訪れるようになった「アニメ聖地巡礼」。最初のうちは戸惑う人も多かったが、2008年放送の「らき☆すた」で、埼玉県鷲宮町(現・久喜市)が町おこしに成功したことから、全国の自治体などから注目された。

「聖地巡礼」に注目したのは、鉄道会社も同じだった。京都府の叡山電鉄は、2009年に放送された京都アニメーション制作の「けいおん!」に、自社の修学院駅によく似た駅が描かれていたことから、原作漫画の出版社とのコラボレーションを行った。

もっとも、この頃の作品は、実景はあくまでモチーフに過ぎなかった(6章参照)。そこで、「よく似ていると言われる場所」といった表現で紹介された。

こうした状況を経て、2010年以降の作品は、自治体や鉄道会社などから事前に許諾を得た上で制作されることが当たり前となっていく。結果的に舞台となった町を訪れる人が増えるケースも増え、埼玉県秩父地域を舞台とした「あの日見た花の名前を僕達はまだ知らない。」(4章参照)や、茨城県大洗町が舞台の「ガールズ&パンツァー」(6章参照)などは、偶然の積み重ねもあり特に成功した事例とされる。

ラッピングトレインによるアニメとのコラボレーションも、2010年代に入ると全国の鉄道に定着した。特に、2011年に京阪電鉄石山坂本線で実施された、「けいおん!」

ラッピング電車「放課後ティータイムトレイン」は、電車の内外をすべてラッピングした派手さと、そのプリントクオリティの高さから、以降のアニメラッピングトレインに大きな影響を及ぼした（７章参照）。

２０１５年には、ＪＲ西日本の山陽新幹線開業40周年を記念するイベントのひとつとして「エヴァンゲリオン」シリーズとのコラボレーションが選ばれ、山陽新幹線５００系電車が「エヴァンゲリオン」のイメージで塗装された（５章参照）。

２０１９年は、山梨県と身延線沿線の自治体が実施する観光キャンペーンに合わせて、ＪＲ東海がアニメ「ゆるキャン△」とコラボした臨時急行「ゆるキャン△梨っ子」号を運行。ヘッドマークや車内装飾を実施したほか、声優の新規録音による車内放送が行われ、運行当日は多くのファンで賑わった。ＪＲグループの中でも、特に堅いイメージのあるＪＲ東海によるコラボレーションは、アニメと鉄道の結びつきを象徴する出来事だった。

アニメの舞台イメージを形成する「鉄道」という存在

「涼宮ハルヒの憂鬱」、「らき☆すた」、「けいおん!」、「あの花」、「ガルパン」……。こうした作品によって、アニメが現実の風景をモデルとすることはすっかり定着した。アニメファンは、作品世界を追体験するためにロケ地を訪れる。知名度の高い鉄道はロケ地のシンボル的存在となり、ラッピング列車の運行や記念乗車券の販売などによってより多くの人々を惹きつける。

作品にリアリティを与えるために描かれるようになった鉄道は、現在ではアニメ作品に欠かせないアイテムである。鉄道は誰もが知っているインフラであり、その地域の特色や時代性、生活を表現するのに適している。駅や列車を描くことで、その作品がどんな街を舞台にし、どんな人々が生活しているのか、想像しやすくなるからだ。

一方、「鉄腕アトム」以来、アニメーションの一角を占めていたSFロボットアニメは、ライトノベルを原作とする深夜アニメや、現実世界を舞台とする日常系アニメに押されているように見えた。

そんな中、２０１８年1月6日、全編にわたって鉄道をテーマとしたロボットアニメの放送が始まった。それが、「新幹線変形ロボ　シンカリオン」である。この作品は、ＪＲ東日本をはじめとするＪＲグループが全面協力し、新幹線が謎の組織と闘う正義のロボットとして活躍。それだけでなく、全国各地の鉄道風景や、鉄道に関するうんちく、パロディが惜しみなく詰め込まれ、「究極の鉄道×アニメコラボレーション」とも言うべき作品に仕上がった。

次の章では、大人気を博した「シンカリオン」がなぜ誕生し、大人をも巻き込んだブームとなったのか。そのひみつに迫りたい。

第2章

大人をもとりこにした「新幹線変形ロボ シンカリオン」の衝撃

意外なシーンから始まったシンカリオン

２０１８年1月6日、朝7時。

この日から、全国のＴＢＳ系列局で、鉄道をモチーフとしたロボットアニメの放送が始まった。土曜朝の、子供向けロボットアニメ。ところが、最初に画面に映し出されたのは格好いいロボットでもなければスマートな新幹線でもない、地味な保線用作業車両だった。マルチプルタイタンパー、通称マルタイは、線路の歪みを矯正する作業機械だ。深夜3時10分、栃木県矢板市片岡の、東北本線が東北新幹線と交差する地点で作業を行っていた保線員たちは、頭上を走り抜ける謎の新幹線を目撃する……。

「新幹線変形ロボ シンカリオン」の第一話冒頭である。「シンカリオン」は、ジェイアール東日本企画と小学館集英社プロダクション、タカラトミーの3社が原案のメディアミックス作品だ。タカラトミーが販売するプラレールの派生商品として２０１５年に発売され、約2年半を経てテレビアニメ化を果たした。「漆黒の新幹線」が生み出す巨大怪物体から日本の平和と安全を守るため、新幹線超進化研究所が開発した「新幹線変形ロボ シ

第１話より　奥に見える車両がマルチプルタイタンパーだ

ンカリオン」に、シンカリオンとの適合率が高い子供たちが「運転士」となって搭乗。研究所員や家族と力を合わせて戦うというストーリーである。新幹線を運行するＪＲグループ５社が全面協力し、Ｈ５系はやぶさ、Ｅ５系はやぶさ、Ｅ６系こまち、Ｎ７００Ａのぞみ、新８００系つばめなど実在の新幹線車両がロボットとなって謎の敵と戦う。

その第一話冒頭に登場したのが、作業機械だった。舞台も実在する場所。子供たちは、現実に存在する「はたらく鉄道車両」にワクワクし、一緒に見ていた大人たちはその意外性に驚き、鉄道ファンは、制作側の鉄道に対する「本気」を感じとった。これは、リアルで正確な鉄道が描かれるに違いないと。「新世紀エヴァンゲリオン」の監督で、鉄道ファンとしても知られる庵野秀明監督も、後に「シンカリオン」と「エヴァンゲリオン」のコラボレーションが実現した際、「保線から始まる第1話の描写に、心がシビれました」とコメントしている。

意外なシーンで始まった「新幹線変形ロボ シンカリオン」は、やがてスーパーロボットというフィクションと、鉄道という現実が融合した、あらゆる世代が楽しめるロボットアニメとして大きなムーブメントを起こすことになる。通常、こうしたロボットアニメは玩具の販売に合わせて1年で放送が終了するが、「シンカリオン」は約半年間延長されて全76話を放送。2019年6月に放送が終了した後も、プラレールなど関連商品の売れ行きは落ちず、同年8月には有料イベント「超進化研究所がおくる！夏のシンカリオン感謝祭」が開催されたほか、年末には劇場版『新幹線変形ロボ シンカリオン未来からきた神速のALFA-X』が全国で公開された。

「シンカリオン」大ヒットの鍵は、どこにあったのか。現実の鉄道と、フィクションのロボットアニメが融合した結果、何が起きたのか。「シンカリオン」の仕掛け人のひとりである、ジェイアール東日本企画の鈴木寿広プロデューサーの話をもとに紹介しよう。

ただの新幹線映像がきっかけだった

「新幹線変形ロボ シンカリオン」のルーツは、２０１２年頃にさかのぼる。当時、テレビ東京系列で毎週水曜朝7時30分から、子供向け情報番組「のりスタＭＡＸ」が放送されていた。この番組は、小学館集英社プロダクション（小プロ）が制作を担当、ＪＲ東日本グループのジェイアール東日本企画（ｊｅｋｉ）が広告会社として放送枠の管理をはじめとする業務を行っていた。

その番組コーナーのひとつに「しんかんせん」があった。全国の新幹線の走行シーンや車両基地の映像を流すというコーナーだ。

「ただ新幹線の映像を流すだけというシンプルなコーナーなのに、〝しんかんせん〟は非常に評判がよかったんです。そこから、新幹線を独立させて、子供向けのキャラクターコンテンツとして展開してはどうかというアイデアが生まれました」（ジェイアール東日本企画 鈴木寿広氏）

しばらくして、音楽や映像コンテンツの制作を行う小学館ミュージック＆デジタルエンタテイメント（SMDE）のデザイナーが制作した、新幹線が変形するロボットのラフイメージが小プロを通じて届けられた。単なるアイデアラフのひとつに過ぎなかったが、

「これが、すごく格好良かったんです」（鈴木氏）。

それまでにも、電車をモチーフとした幼児向けロボットアニメ作品はあったが、提示されたイラストは大人も満足できる、高いクオリティを備えていた。これは、いける。スタッフの間に新しいコンテンツへの共通認識が生まれ、「プロジェクトE5」と名づけられた企画がスタートした。

実在の新幹線をキャラクター展開するには、JR本社の許諾を取らなくてはならない。安全輸送を第一とする大手鉄道事業者が、新幹線の実車を戦闘ロボットに変形させて敵と戦わせるというキャラクターのビジネス企画を許諾するだろうか。「新幹線が敵を破壊」「強敵に苦戦する新幹線ロボット」といった表現が含まれれば、事故を連想させると考える人がいるかもしれない。許諾を取るのは、困難を極めるかと思われた。

だが、チャレンジしないことには始まらない。鈴木氏らは、JR東日本のプロパティ事業を管轄する事業創造本部へ企画を提案した。すると、担当者たちからは「格好いいね」「面白そうだ」「ぜひやろう」と前向きな反応が次々と返ってきた。

「プロジェクトＥ５」はＪＲ東日本の各部署、そして上層部にはかられ、約１年後、ついにゴーサインが出た。

難しいと思われた「プロジェクトＥ５」が、企画決定できたのはなぜか。

「新幹線は、流行り・廃りがあるものではなく、長期間お客様に親しまれるものです。その新幹線をモチーフにして、本気で作ったキャラクターならば、長期的にキャラクター展開できるという期待がありました」（鈴木氏）

鉄道会社の置かれた状況も味方した。当時、ＪＲ東日本の鉄道事業は堅調だったが、長期的に見れば、少子高齢化によって輸送量の頭打ちや減少は避けられない。鉄道以外の事業収入を増やしていく必要があった。

新幹線が大好きな未就学児童から、長年アニメや鉄道に親しんだ大人まで、幅広い層が楽しめるクオリティの高いキャラクターを展開すれば、事業収入にも寄与できる。加えて、幼いうちから正義の味方である新幹線ロボットに親しんで育った子供は、大人になり、仮にアニメを見なくなったとしても、きっと新幹線に好意的なイメージを抱いてくれるだろう。

それだけの説得力とインパクトを、イラストは備えていたのである。

「ＪＲがついに本気を出した」と大反響

この時点では、「プロジェクトＥ５」をどう展開するか、具体的には決まっていなかった。そこで、まずはプロトタイプを作ることになった。最初のイラストにアレンジを加え、ＣＧアニメーションと、全高約１・８ｍのフィギュアを制作。２０１４年６月、東京ビッグサイトで開催された「東京おもちゃショー」に出展した。ｊｅｋｉが東京おもちゃショーに出展するのは、これが初めてだった。

ｊｅｋｉのブースは、西館４階「西３ホール」のキッズライフゾーン。主要なおもちゃメーカーが集う西館１階からは離れた場所で、自動車メーカーや建設会社なども出展する、言わば傍流のエリアだ。そこにプロトタイプのフィギュアを置き、時速３２０㎞で走行するＥ５系はやぶさが高速でロボットに変形するＣＧアニメーションが上映された。後の「シンカリオン」とは異なり、高架線上を走るＥ５系はやぶさが突如回転してロボットに変形、そのまま線路上を滑るように走る映像で、ＪＲ東日本グループ公式の映像としては、かなり大胆な演出だった。

東京おもちゃショーに出展されたプロトタイプのフィギュア　©Project E5

この出展が、当たった。企業関係者からも、一般来場者からも「ＪＲがついに本気を出した」「ＪＲの新幹線ロボットがやばい（格好いい）」と話題になり、商品化についての問い合わせ、引き合いが相次いだのだ。まさかＪＲ東日本が自ら、実在の新幹線車両を「変形ロボ」化して世に問うとは、誰も思っていなかったのである。

スタッフはさらに自信を深め、いよいよ本格的にプロジェクトを前進させることになる。

ロボットキャラクターをビジネスとして展開するにあたり、必要なのが玩具メーカーだ。そこで、プラレールを展開する鉄道おもちゃの雄、タカラトミーが参画することになった。「プロジェクトE5」は、まずはプラレールでの商品化を前提に進められることになった。

商品化を前提にデザインを見直す

最初に、デザインの再検討が行われた。多くの人を惹きつけたプロトタイプだったが、そのままでは線が細かすぎてプラレールにできない。プラレールは3歳以上を対象にした玩具で、未就学児童が安心して遊べる強度と安全性を備えたデザインが必要だった。何より、CG上だけではなく、プラレールの新幹線E5系はやぶさからちゃんとロボットに変形できる設計でなくてはならない。

ただ強度と安全性を確保すればよいというものでもなかった。幼い子供は、電車や自動車の先頭部を「顔」として認識している。だが、先頭部をそのままロボットの顔にすると、デザインに制約ができるうえ大人が見た時に格好良くない。プロトタイプでは胸に運転席部分を、先頭部を両腕にもってきたが、かなりデザインをアレンジしていた。大人にはその高度なアレンジが受けるが、子供たちには新幹線が変形したロボットだとわかってもらえない恐れがあった。

未就学児童は、仮面ライダーやウルトラマンなどになりきって「ごっこ遊び」を楽しむ。この世代向けのデザインは、胴体に頭と手足がくっついている、人形のようなわかりやすい形になりやすい。しかし、それでは大人が見た時に、いかにも子供向けに見えてしまう。一方、小学生は、成長とともに物事を客観的に捉える力が育って物語を突き放して見るようになり、デザインに対する目が厳しくなっていく。

そこで、先頭部はほぼそのまま、胸の部分にもってくることにした。これなら誰が見ても新幹線が変形したロボットだと分かる。頭部や手足のデザインを大人向けに凝っても、子供たちがついてこられるという読みがあった。

こうしたコンセプトに基づいて、タカラトミーとＳＭＤＥからさまざまなデザイン案が出され、最後はコンペティションが行われた。メインターゲットである子供たちの意見も聞かれ、タカラトミーが提案した案のひとつが最終案となった。これをさらにＳＭＤＥがアレンジし、タカラトミーがプラレールとして成立するよう調整して、ついにデザインが完成した。

プラレールとして発売されたシンカリオン E5はやぶさ
©TOMY
©プロジェクト シンカリオン・JR-HECWK/超進化研究所・TBS

こうして完成したキャラクターは、「新幹線変形ロボ シンカリオン」と名づけられ、北陸新幹線延伸開業の２日後にあたる２０１５年3月16日、プラレールの新商品として「シンカリオン Ｅ５はやぶさ」と「シンカリオン Ｅ６こまち」が発表された。ＪＲ東日本が許諾したことのインパクトは大きく、通常玩具の新製品を取り上げないスポーツ紙でも大きく報道された。同時に公式サイトでのＣＧアニメーション、テレビ東京系列の子供向け情報番組「おはスタ」や小学館の雑誌「てれびくん」での情報発信など、さまざまなメディア展開も発表。ただ、その中にテレビアニメは含まれていなかった。

あえてテレビアニメ化を急がずコンテンツを育てる

近年の子供向けメディアミックスは、商品展開と同時にテレビアニメ化が行われることが多い。嗜好が変わりやすく、成長とともにどんどん入れ替わる子供向けのコンテンツは、新鮮味とインパクトが重要だ。発表と同時に、テレビアニメ、漫画、ゲームなど幅広いメディアミックス展開を行い、移り気な子供たちの心をつかむ。短期決戦で商品販売につなげ、１年後にはまた新しいコンテンツを提供する。これが、子供向けアニメ・玩具市場における定番の手法だ。

しかし、「シンカリオン」はこの手法を採らなかった。それは、「シンカリオンを、一過性の作品に終わらせたくなかった」（鈴木氏）から。

テレビ、ゲーム、漫画、玩具と、立ち上げと同時に展開すれば、確かに初速は大いに盛り上がるが、その分飽きられるのも早い。「ブーム」はいずれ終わる。最初の盛り上がりが大きいほど、一過性の人気として飽きられてしまう危険性も高くなる。

新幹線は誰もが知っている、流行り・廃りのない乗り物だ。プラレールもまた、半世紀以上にわたり、世代を超えて親しまれている玩具である。「シンカリオン」も、長期にわたってその時代の子供たちに親しまれていくコンテンツに育てたい。それには、まずしっかりした玩具を提供して、全国の家庭に「プラレール新幹線の格好いい変形ロボ」として認知してもらうことが必要だった。それまでは、プラレールの商品として大事に育て、テレビアニメ化は将来の目標のひとつとして温められることになった。

丁寧に行ったJR各社との交渉

２０１５年９月に発売された「シンカリオン」は期待通りのヒット商品となり、10月末には「シンカリオン E7かがやき」が発売された。次のステップは、JR東日本以外の新幹線へのラインアップ拡充だ。それには、JRグループ各社の許諾が必要になる。

まず、JR東日本の東北新幹線と直通運転を行う北海道新幹線の開業を控えるJR北海道の許諾が得られた。続いて山陽・九州新幹線を運行するJR西日本とJR九州の許諾も獲得。北海道新幹線の開業を目前に控えた2016年2月に「シンカリオン H5はやぶさ」が発表されたのに続き、6月には「シンカリオン 700のぞみ」、「シンカリオン 700ひかりレールスター」、「シンカリオン N700みずほ」が発表され、シンカリオンは新たなステージを迎えた。

最後に、JR東海だ。日本の大動脈である東海道新幹線を運行するJR東海は、安全かつ正確に、高速運転する東海道新幹線そのものに比重を置いた企業というイメージが強い。従って、東海道新幹線の変形ロボットというキャラクター展開の許諾を得ることは、簡単なことではないと思われた。

だが、それは杞憂だった。窓口になったJR東海事業推進本部の担当者は、「シンカリオン」に強い理解を示し、むしろ味方となって社内を調整してくれたのである。

すでに新幹線を運行する各社が参画していたという点も大きかったが、それまでの商品展開を通じ、決して新幹線のイメージを損なうものでないこと、前向きな商品で、幅広い層に受け入れられる本気のコンテンツであることが伝わったのである。各社の担当者は30～40代が多く、「機動戦士ガンダム」や「新世紀エヴァンゲリオン」など大人の鑑賞に堪

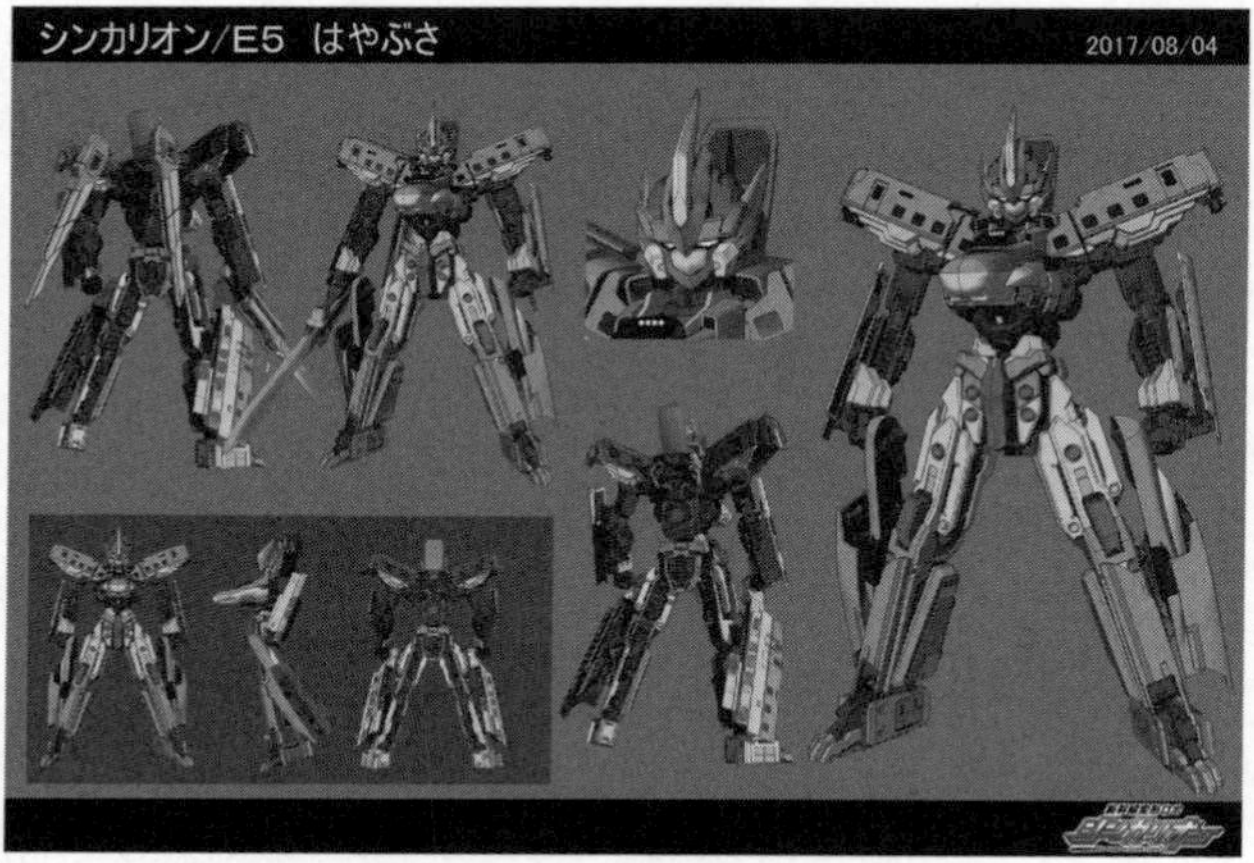

テレビアニメ向けにリファインされたデザインイメージ

えられるロボットアニメで育ってきた世代だったことも、スムーズに理解を得られた要因かもしれない。

２０１７年５月31日、シンカリオン第12弾としてＪＲ東海の車両をモチーフにした「シンカリオン Ｎ７００Ａのぞみ」が発表された。新幹線を運行しているＪＲ５社の車両が出揃った。

ＪＲ５社の足並みが揃い、プラレール商品の売れ行きも絶好調。そうなれば、テレビアニメ化は自然の流れだった。同年10月７日、東京の日比谷公園で行われた鉄道フェスティバルで、２０１８年１月からのテレビアニメ化が発表された。

地域性を大事にするロボットアニメ

こうして、2018年1月6日から放送が始まった「新幹線変形ロボ シンカリオン」。「マルチプルタイタンパー」による保線作業から始まるマニアックな展開で、子供たちだけでなく、大人をも惹きつけた。

テレビアニメとなった「シンカリオン」は、単に「実在の新幹線が登場するロボットアニメ」ではなく、幅広い層を惹きつける工夫が随所に盛り込まれた。

そのひとつが、綿密かつ徹底的なロケハンを行ったことだ。

物語には、新幹線沿線を中心に全国各地の駅や町が登場する。駅や鉄道博物館などの鉄道施設がリアルに表現されるのは当然だが、鉄道以外の町の風景も、極めて正確に再現された。

実在の町や風景がアニメの舞台として描かれ、ファンから「聖地」と呼ばれることは今や珍しくない。だが、全76話にわたって全国各地の風景をこれだけ正確に再現した作品は「シンカリオン」が初めてのことである。実在の風景をアニメで表現するには、現地のロ

第22話より　皿倉山でのパラグライダーのシーン

ケハン・取材が必要だ。ロケハンには監督、脚本家、作画スタッフなどが同行し、時間的にも金銭的にも大きな負担になる。それでも、実在の風景を描くときはロケハンを行うという姿勢が貫かれた。
　さらに、ご当地スポットがさりげなくストーリーに盛り込まれた。例えば、第22話「空へ‼Ｅ5はやぶさ＋800つばめ」では、鹿児島の桜島に出現した敵・巨大怪物体に対抗するため、主人公たちは空中戦の技術を磨こうとパラグライダーに挑戦する。その場所として登場したのが、九州を代表するパラグライダーのメッカである、北九州市皿倉山だった。山頂付近の展望台やビジターセンターもリアルに再現され、山から見晴らす北九州市八幡区の景色も極めて正確に再現された。これを見た北九州の人々は、子供も大人も「自分たちの町がシンカリオンに登場した」と喜ぶ。言わば、「男はつらいよ効果」とも言うべき効果をもたらした。

こうした仕掛けは、やりすぎると宣伝のようになりしらけるが、「シンカリオン」ではキャラクターに「ここはパラグライダーの名所だって聞いたんだ」と言わせる程度に留めたのも効果的だった。

鉄道のイメージを壊さない工夫「捕縛フィールド」

全国のご当地を登場させるにあたって強みとなったのが、「捕縛フィールド」と呼ばれる設定だ。これは、戦闘によって民間人に被害が生じないよう、敵である巨大怪物体を閉じ込める空間で、巨大怪物体は駅や線路の周辺に現れるものの、戦闘は必ずこの捕縛フィールド内で行われる。

安全を第一とするJRが公認する作品である以上、シンカリオンが街を破壊するわけにはいかない。捕縛フィールドは、そんな事情から生まれた設定でもあるが、同時に戦闘シーンがシンプルになり、それ以外のシーンにさまざまな風景を描くことが可能になった。

「捕縛フィールド」以外にも、ＪＲグループの企業イメージを守る工夫が施された。例えば、空を飛べるシンカリオンも登場するが、移動する時は必ずシンカンセンモードで線路の上を走行する。そして、場所が特定できるシーンでは、原則としてその路線を実際に運行している新幹線だけが描かれる。例えば、九州新幹線が東北新幹線を走るといった描写はなかった。また、強敵に苦戦したシンカリオンが壊れたり、一度は敗れたりすることはあったが、車体が直接的に破壊される描写は避けられた。

鉄道関連施設も多数登場する。シンカリオンを指揮・運用する「新幹線超進化研究所」は、さいたま市の鉄道博物館、名古屋市のリニア・鉄道館、京都市の京都鉄道博物館など、各地の鉄道系ミュージアムの地下にあるという設定だ。放送中、これらの施設への誘客につながっただけでなく、十数年後、今の子供たちが大人になり親となった時にも、思い出してもらえるきっかけになる。

本気の姿勢が子供たちにも届いたエヴァンゲリオンとのコラボ

数々のパロディやオマージュ、コラボレーションも話題となった。第49話と第50話では、ＪＲ東海が１９８０年代に放送したＣＭ「シンデレラエクスプレス」「クリスマスエクスプレス」を完全再現したシーンが登場し、ＳＮＳで評判となった。子供向けアニメにこうした大人向けのパロディを盛り込むことは、子供を置き去りにしかねないというリスクもある。「シンカリオン」ではしっかりとＪＲ東海の許諾を取り、当時主力だった１００系新幹線まできちんと描いた。細部までこだわることで、子供たちの興味を引くことにも成功したのである。

特に注目されたコラボレーションが、２０１８年5月13日まで山陽新幹線で運行されていた「５００ＴＹＰＥ ＥＶＡ」とのコラボだ。「５００ＴＹＰＥ ＥＶＡ」は、山陽新幹線博多開業40周年・「新世紀エヴァンゲリオン」シリーズ20周年を記念して、新幹線５００系を「エヴァンゲリオン（通称エヴァ）」の世界観でデザインした列車だ。

テレビアニメ「シンカリオン」は、当初から「エヴァンゲリオンに似ている」「明るい

第31・32話より　シンカリオン 500TYPE EVA

元気なエヴァ」という評価があった。これは、鈴木プロデューサーをはじめ、制作陣の多くが、現在40代前後のエヴァを見て育った世代だから。鈴木氏自身、「自分がエヴァファンだったので、自然とそちらにもっていってしまいました」と語っている。

「プロジェクトE5」が立ち上がった当時、すでに「500TYPE EVA」は運行を開始していた。当初は予定になかったものの、どうしても商品化したいと考えた鈴木氏らは、「エヴァンゲリオン」シリーズの版権を管理するグラウンドワークスにコラボレーションを打診する。

許諾はすぐに得られ、2017年10月5日、「シンカリオン500TYPE EVA」が発売された。シンカリオンのテレビアニメ化が発表されたのは、その2日後だ。

グラウンドワークスの代表・神村靖宏氏によれば、テレビアニメでのコラボの打診が来たのは、プラレール版が発売されてまもない時期だったと言う。

「最初はダメ元という感じでお話をいただいたのですが、話すうちに、お互いに言ったアイデアは全部やろうということになりました。どんどん盛り上がって、それはやめておこうというような消極的な調整はほとんどなかったと思います」（神村氏）

2018年8月11日に放送された「発進!!シンカリオン500TYPE EVA」は、シンカリオンだけでなく、碇シンジ、綾波レイ、式波・アスカ・ラングレーといった「エヴァンゲリオン」の主要キャラクターが登場。シンジのクラスメートである洞木ヒカリと、アニメには登場しなかったその姉妹ノゾミ、コダマも出てくるなど、エヴァファンも大喜びの回となった。鈴木氏は「この回だけは、視聴者の子供たちを置いてけぼりにして好きなように作りました」と笑うが、神村氏は「本気でやれば、子供たちにはちゃんと伝わります」。実際、「エヴァンゲリオン」とのコラボは、同作品を知る大人だけでなく子供たちにも大好評だった。

大人も子供も楽しめる、数々の仕掛けが盛り込まれた「シンカリオン」だったが、2019年6月29日放送の第76話をもって、1年半にわたる放送が終了した。子供向けロボットアニメが1年を超えて放送されること自体が近年では珍しい。「新幹線変形ロボ シンカリオン」は大きな成功を収めたと言えるだろう。

手に届くところで夢を描く現代の子供たち

「シンカリオン」が、ここまで受け入れられた理由はどこにあったのか。数々のテレビアニメに携わったjekiの鈴木氏は、「今の子供は、手の届くところで夢を描くという気がします」と語る。今40代、50代の大人が子供だった頃、ロボットアニメや特撮に期待するのは、宇宙戦争や怪獣など、現実とは全く異なる空想の世界だった。学校や近所の公園で遊ぶくらいしかできず、子供たちは現実世界とは全く異なる、不思議な空想世界に憧れを抱いた。

一方、現代の子供たちは、物心つく頃からタブレット端末などを通じて世界中の情報に触れて育つ。ロボットは、すでに身近な存在であり、オリジナルの合体変形ロボに憧れを抱きづらい時代でもある。そんな現代の子供たちは、自分たちが普段から親しんでいる現実世界に、プラスする形で夢を描くのだ。

そんな現代の子供たちに、「シンカリオン」の世界はマッチした。

子供に絶大な人気を誇る新幹線が変形してロボットになるという、子供にとっての面白さ。実在の鉄道車両が登場するだけでなく、駅の風景や鉄道の歴史、システム、広告、はては駅弁まで、正確な鉄道知識がふんだんに盛り込まれた、鉄道ファンにとっての面白さ。新幹線や鉄道が通じている全国各地の町が、実名で登場する地域性。さらに、１９９０年代のアニメやドラマへの膨大なオマージュは、30～40代の人々をも惹きつけ、土曜早朝に放送されたテレビアニメとしては異例の幅広いファン層をつかんだ。「シンカリオン」は、現実とフィクションがちょうど良いバランスでミックスした、現代を象徴する作品に仕上がったのである。

あらゆる子供に浸透する「新幹線」というコンテンツ

「シンカリオン」以外にもさまざまな作品に携わってきた鈴木プロデューサーは、「やは

E6系新幹線

2012年11月22日に新幹線総合車両センターで公開された運転台

り電車、鉄道はすごい」と感じている。

鉄道は誰でも知っている乗り物で、小学生以下の子供に調査をかけると、ほぼどの年齢層も、好きな乗り物に「新幹線」を挙げる。これほど強いコンテンツはない。

改めて新幹線を見ると、その優れたデザイン性にも惹かれる。先頭形状は、騒音を抑えたうえで高速走行を実現するため、極限まで最適化された流線形で、車体デザインは、フェラーリをデザインした奥山清行が手がけるなど、世界トップクラスのデザインが施されている。駅に行けば、当たり前のように停まっている車両も、車両基地で線路から見上げると、その巨大さに圧倒される。

「自分は、車好きということもあって、奥山清行氏がデザインした秋田新幹線E６系が一番好きです。取材をしたときは、本当に興奮しました。そうしたワクワクを、作品を通じてちゃんと伝えていきたいですね」（鈴木氏）

鉄道は、その存在感と格好良さで、フィクションにリアリティを与え、人々を惹きつける役割を果たしている。

第3章

鉄道に魅せられた
アニメ・漫画クリエイターたち

鉄道に全く興味がなかった鈴木プロデューサーを惹きつけた、新幹線と鉄道の魅力。実は、アニメクリエイターには鉄道ファンが多い。鉄道は、蒸気や電気のエネルギーを動力に変えて、巨大な車両を動かす装置だ。その仕組みが、「動き」を表現するクリエイターたちの想像力を刺激してきたのだろう。力強く走る蒸気機関車に魅せられて「動き」に興味を抱き、アニメーションを志した作家も数多い。あるいは、人々の生活になくてはならない鉄道を描くことで、人生や社会を表現した作家もいる。ここでは、鉄道を愛し、あるいは鉄道を描こうとした各時代のアニメクリエイター、漫画家にスポットを当て、鉄道愛と作品との関係性を紹介していこう。

蒸気機関車への愛が創作と創造の原動力に

「ダンボ」

ウォルト・ディズニー　1901〜1966
ウォード・キンボール　1914〜2002

アニメーションと鉄道の関係は、ウォルト・ディズニーを抜きにしては語れない。現代のあらゆるアニメーション作品に大きな影響を与えたウォルト・ディズニーは、実は子供の頃から大変な鉄道ファンだった。

南カリフォルニアの彼の豪邸には、線路幅７・２５インチ（約１８４㎜）の鉄道模型「キャロルウッド・パシフィック鉄道」が庭中に線路を延ばしていたし、１９５５年にオープンした、カリフォルニア州アナハイムのディズニーランドは、ウォルトが西部開拓時代の蒸気機関車を走らせたいと考えたことから生まれたとも言われる。

ウォルトは、19世紀後半の西部開拓時代にアイルランドから移民した、ケプル・イライアス・ディズニーを祖父とする家族に産まれた。幼少期を過ごした町は、サンタフェ・パシフィック鉄道の駅がある中西部のミズーリ州マーセライン。駅と平原以外何もない小さな町だ。ウォルトは毎日機関車を眺め、線路に耳を当て、列車に向かって手を振った。

当時は、子供向けの娯楽など何もない時代。毎日、遠い大都会から走ってくる巨大な機関車は、ウォルトにとって強烈に刺激的な体験だった。加えて、鉄道はゴールドラッシュを目指してアイルランドから移り住んできた、ディズニー家を象徴する存在でもある。鉄道は、ウォルトにとって特別な存在となり、やがて数々の作品とディズニーランドを創り出す原動力となっていく。

　成長したウォルトは、カンザスシティーでのデザイン会社勤務を経てロサンゼルスに進出し、兄・ロイとともにディズニーブラザーズカートゥーン・スタジオを設立した。初めて大ヒットを記録したフルアニメーション作品は、ウサギのオズワルドが路面電車の運転士を務める「トロリー・トラブルズ」。鉄道を舞台とした作品だった。

ウォード・キンボールの裏庭鉄道がディズニーランドのきっかけ？

　１９３４年、ウォルトはアニメーターのウォード・キンボールと出会う。キンボールは、映画「ピノキオ」でコオロギのキャラクター、ジミニー・クリケットを生んだ世界的アニメーターで、ウォルトと同様大変な鉄道ファンだった。祖父が鉄道会社の顧問弁護士を務め、鉄道が身近な存在だったからだ。

　１９３８年、キンボールは古い客車を鉄道模型コレクションの収蔵庫として購入した。ところが、妻から「客車には機関車が必要でしょう?」とアドバイスされ、スクラップ寸前の蒸気機関車「シドニー・ディロン号」を購入することになる。機関車を見たキンボールは実際に走らせたくなり、数年かけて運転可能な状態に復元。自宅の庭に約274mの線路を敷いて、1942年からいわゆる裏庭鉄道の「グリズリー・フラッツ鉄道」として動かし始めた。ウォルトは、グリズリー・フラッツ鉄道をおおいにうらやましがり、キンボール家で開かれたパーティーで、ついに機関車を運転させてもらった。子供のようにはしゃいだウォルトは、まもなく自宅の庭に「キャロルウッド・パシフィック鉄道」を建設。ここから、いつか本物の機関車を走らせたいと構想するようになる。その夢は、やがてディズニーランドとその園内を走るディズニーランド鉄道（東京ディズニーランドではウエスタンリバー鉄道）として実現した。

映画「ダンボ」に登場した機関車「ケイシー・ジュニア」

ディズニーとキンボールの鉄道への情熱は、アニメーション作品にも活かされている。キンボールがグリズリーフラッツ鉄道の復元を試みていた1941年、ディズニー映画に機関車のキャラクターが登場した。映画「リラクタント・ドラゴン」の冒頭に描かれた、ケイシー・ジュニアだ。動物を愛し、汽船にはライバル心を燃やす機関車で、最後には暴風雨によって流された鉄橋を飛び越えようとして、めちゃくちゃに壊れてしまう。

「リラクタント・ドラゴン」は、ディズニーの映画制作の舞台裏を見せる作品で、ケイシー・ジュニアは汽笛など効果音収録の技術を見せるシーンに「出演」した。本筋には関係のない、言わばさわりのキャラクターだったが、公開と同時に人気が沸騰。同年10月公開の「ダンボ」で2度目の出演を果たす。「ダンボ」では、サーカス列車を牽引する機関車となり、「リラクタント・ドラゴン」と同じテーマ曲に乗って動物たちとともに走った。擬人化された機関車が意思をもつという表現は、後に発表されたイギリスの「きかんしゃトーマス」や日本の「きかんしゃやえもん」と共通している。

ディズニーとキンボールの鉄道への愛情は、終生変わることがなかった。1992年、広島国際アニメーションフェスティバルの国際名誉会長として日本に招かれたキンボールは、日本のアニメーション関係者による歓迎会の席に、機関士の作業服であるナッパ服姿で現れた。自ら持参した16㎜フィルムを上映したが、その内容は貴重なディズニーアニメーション……ではなく、自宅の庭を走るグリズリーフラッツ鉄道の映像だった。

子供の頃に憧れた夢と魔法の世界を、スクリーンやテーマパークに実現したのがディズニーアニメだ。ウォルト・ディズニーとウォード・キンボールにとってその「夢」の原点は、彼らの家族とともに歩んだ西部開拓時代の鉄道だった。

「ルパン三世」

大塚康生　1931〜

機関車のとりことなったアニメーターの神さま

「ルパン三世」や「ムーミン」、「太陽の王子ホルスの大冒険」など、数々のアニメーション作品の作画監督を務めたアニメーターが、大塚康生氏だ。戦後初の長編カラーアニメーション「白蛇伝」をはじめ、戦後日本のアニメーション文化を支えた第一人者で、宮崎駿、芝山努、貞本義行など、数多くの日本を代表するアニメーターを育成した。

大塚氏は、カーマニアとして知られる。ルパン三世が「カリオストロの城」などで乗っ

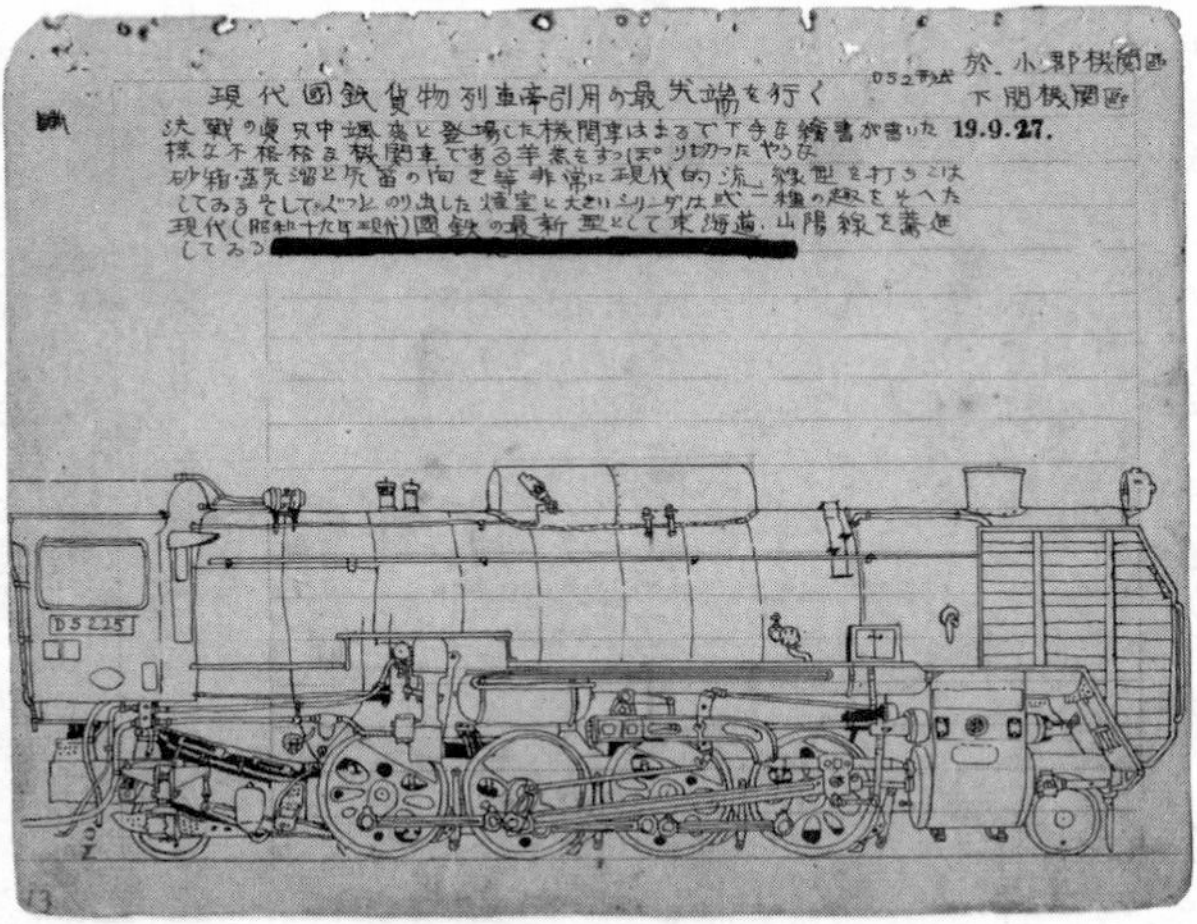

D52は大塚康生氏が最も好きな機関車。昭和19年　資料提供・南正時

ていたＦＩＡＴ５００は、元々大塚氏の愛車だ。ジープへの造詣も深く、田宮模型が１９８２（昭和57）年に発売したジープ型ラジコン「ワイルドウイリス」のデザインも手がけた。

　アニメーターとしての大塚氏の原点は鉄道にある。１９３８（昭和13）年頃、島根県鹿足郡木部村の小学1年生だった大塚少年は、出征兵士の行列について、国鉄山口線津和野駅にやって来た。そこで生まれて初めて見たのが、８６２０形蒸気機関車だ。一瞬で魅せられた大塚少年は、以来ことあるごとに津和野に出ては機関車を眺めて過ごすようになる。

「蒸気機関車は、停まっている時でも、

まるで呼吸しているかのように、たえず唸っています。圧搾空気が減圧すると自動的に空気圧縮機が動き、ボイラーの蒸気が一定の圧力になると、自動的に安全弁が作動して蒸気を吐き出します」（「大塚康生の機関車少年だったころ」クラッセ刊より）

まるで生き物のように蒸気を吐き、動く巨大な機械に、大塚少年は夢中になった。どうやって動くのか。なぜ、いろいろな形式があるのか。

「少年は、大なり小なり大きな機械に憧れます。戦車を見たら戦車になっていたかもしれないし、ブルドーザーや艦船だったかもしれない。私の場合、胸を熱くした巨大な機械、それが蒸気機関車だったのです」（同）

機関車のスケッチがアニメーションへの興味につながる

機関車について、もっともっと知りたくなった大塚少年は、やがて機関車を詳細に、そして大量にスケッチするようになる。特に、第二次世界大戦に伴う輸送力増強のために導入された、大型貨物用機関車Ｄ52形に惹かれた。

当時は、カメラは高価で子供が扱えるものではなかった。今のように、鉄道雑誌や写真集もなかった。好きなものを「手元に置く」には、絵に描くしかなかった。

線路際から観察し、横から見た機関車を詳細にスケッチする。動輪はどうやって動くのか。動力を伝える主連棒と連結棒はどう接続されているのか。砂箱はどんな形なのか。絵描きを志したわけではなかったので、とにかく詳細に、設計図のように詳しく描き、考えた。「巨大なメカ」、機関車に対する好奇心が、やがて大塚少年に「動きを表現する」ことの面白さを教え、世界的アニメーターを育んでいったのである。

戦後、麻薬取締官を経てアニメーションの世界に入った大塚氏は、「動き」のリアルさ、楽しさ、ダイナミックさを追求するアニメーターとして活躍する。

機関車の動きを「ルパン三世」で再現

そんな大塚氏が、作画監督を務めたのが「ルパン三世」(第一シリーズ：1971年)だ。「ルパン三世」は初の大人向けアニメとして企画されたが、時代が少し早すぎ、視聴

「パンダコパンダ 雨ふりサーカスの巻」より　デフォルメされているが軽快に動く機関車の表現に注目　© TMS

率が低迷。シリーズ途中で子供向けへの方針転換を余儀なくされた。

大塚氏と旧知の仲だった高畑勲と宮崎駿が演出に加わり、子供向けアクション作品に転換した「ルパン三世」だったが、視聴率を回復することはできず、23話で放送が終了する。その最終盤の第21話、「ジャジャ馬娘を助けだせ！」が放送された。

人質になっていた〝ジャジャ馬娘〟のリエを誘拐同然に助け出したルパンは、ヘリで迫る追っ手から逃れるため、廃止された森林鉄道を走らせる。昔のコッペル機関車をモチーフとした小さな機関車だったが、この機関車の動きがすごい。動輪に、ピストンから伸びた主連棒が接続され、ピストンの前後運動を回転運動に変換して動輪を回す仕組みが、1秒間24コマのアニメでちゃんと表現されていた。

機関車の動輪の動きは複雑だ。それまでのアニメでは、機関車が登場しても動輪の動きは蒸気などで隠すか、ほんの一瞬だけ見せたあとは視聴者の想像に委ねるのが普通だった。毎週放送のテレビアニメ、まして方針転換によって急遽テイストが変わった「ルパン三世」で、かっちりとした機関車の動きを表現したのは、まさに大塚少年の観察眼が活かされたと言えるだろう。アニメ制作の現場は重労働だが、当時から制作現場にはこうしたクリエイターのこだわりをリスペクトする空気があった。大塚氏は、他にも「ムーミン」や「パンダコパンダ」など、数々の作品に機関車を登場させている。

2013年に公開された宮崎駿監督の「風立ちぬ」では、物語序盤に大正時代の列車が登場するが、このシーンの蒸気機関車の動きについて、宮崎監督にアドバイスをしたのも大塚康生氏だ。宮崎監督は、作品のクレジットに大塚氏の名前を入れようと考えたが、すでに一線を退いていた大塚氏は固辞したという。大塚氏にとって、機関車をアニメーションに表現することは、ビジネスではなく子供の頃の好奇心そのものなのだ。

「銀河鉄道９９９」

松本零士　１９３８〜

上京列車の想い出が９９９号に投影される

鉄道が自らの人生を映し、やがて自身の代表作に投影される。１９７０年代ＳＦアニメブームを牽引し、「銀河鉄道９９９」を生み出した漫画家の松本零士氏にとって、鉄道とは自らの半生を象徴する存在だ。

「銀河鉄道９９９」の連載が「週刊少年キング」で始まったのは、１９７７（昭和52）年のことだ。懐かしい蒸気機関車と旧型客車風の列車が銀河を駆ける「銀河鉄道９９９」は、宇宙を舞台にしたＳＦ作品ながら、多くの人に郷愁とロマンを感じさせた。それは18歳の若き松本零士氏が、プロの漫画家を志して上京した時の記憶が深く関わっている。

松本氏は、１９３８（昭和13）年、福岡県久留米市で生まれた。戦後は福岡県小倉市（現・北九州市）で育ち、小学校の学級文庫にあった手塚治虫の漫画を見て漫画家を志した。高校生の頃から投稿漫画を通じて頭角を現し、修学旅行で立ち寄った東京では、二重橋前で「いずれ上京してプロの漫画家になる」と誓いを立てた。

1956（昭和31）年、高校を卒業した松本青年は、いよいよ故郷を離れて上京する。「漫画家として大成するまでは絶対に帰らないぞ」と誓い、小倉駅から蒸気機関車が牽引する東京行きの列車に乗り込んだ。その時のことを松本氏は今も鮮明に思い出すという。

「小倉駅を夕方に発車する列車に乗りました。当時は、東京まで24時間かかりました。門司駅を発車すると、すぐに関門トンネルに入ります。トンネルを抜けると本州で、そこはもう未知の世界という気持ちでした」（松本氏）

列車に乗っている間は、ずっと車窓風景を見ていた。夜の瀬戸内海。幼少の頃一時期暮らした兵庫県明石の町。大阪付近で夜が明け、列車はひたすら東海道を走った。やがて富士山が見えてきて、東京が近づいてきた。

「カーブに差しかかると、前の方の機関車がよく見えました。学生服を着ていたせいでしょうか。車掌さんが、とても優しくしてくれたのを覚えています」

小倉を出発して約24時間、夕方の東京駅に到着した松本青年は、その足で修学旅行の時に立ち寄った二重橋前へ行き、「約束通り、俺は来たぞ」と心の中でつぶやいたという。

「あの時、私は東京という見知らぬ土地へ、人生をかけて旅立ちました。その時の記憶はずっと残り、〝銀河鉄道９９９〟という作品になったんです」

漫画でもアニメでも、９９９号は、地球のメガロポリス中央ステーションを必ず夕方から夜にかけて出発する。その情景は、松本氏が小倉駅から東京へ旅立った時の印象そのものだ。「銀河鉄道９９９」は、松本青年の実体験から生まれた。だから、宇宙を舞台としていても、圧倒的な臨場感とロマンが感じられるのである。

アニメと鉄道がコラボレーションした先駆け

ところで、松本氏が上京するにあたって乗った列車は、何だったのだろう。１９５６年春といえば、東海道本線の全線電化を目前に控えていた時期だ。この年の10月には、東京〜博多間に後のブルートレインのルーツとなる寝台特急「あさかぜ」が運行を開始する。春の時点では、東京〜九州間に特急はなく、急行列車で24時間近くかかるのが当たり前だった。夕方に小倉駅を発車し、翌夕方に東京駅に到着する急行列車となると、小倉18時

49分発、東京16時15分着の急行「雲仙」が有力だ。牽引していた機関車は、C59形機関車だったと思われる。C62形のベースになった幹線向け旅客用蒸気機関車で、1950年代、山陽本線を走る特急・急行列車の多くを牽引していた。まさに、999号のルーツとも言える機関車だ。

1979（昭和54）年、テレビアニメの放送開始とともに、「銀河鉄道999」は「宇宙戦艦ヤマト」に勝るとも劣らない大ブームとなった。同年7月には、劇場版公開を記念して、国鉄が上野～烏山間に戦後初のミステリー列車「銀河鉄道999号」を運行。鉄道事業者が、アニメーション作品とコラボレーションを行った初の事例となった。

「キャプテンハーロック」や「男おいどん」など、松本零士氏の作品には数多くの名作があるが、公式ウェブサイトのトップページは今も「銀河鉄道999」が描かれている。

誰もが知っている、多くの人が旅情を感じる鉄道をモチーフに、作者自身の実体験をストーリーに投影したことで、「銀河鉄道999」は時代を超えた名作になったのである。

「おもひでぽろぽろ」

高畑勲　1935〜2018

リアリズムを徹底した映像表現

スタジオジブリを代表する監督のひとり高畑勲も、鉄道を愛したアニメ監督だ。生前、そのことを公に話す機会はほとんどなかったが、大塚康生氏の著書「大塚康生の機関車少年だったころ」（クラッセ刊）で、「何を隠そう、じつはぼくも大の機関車ファンだった」と告白している。幼少期を岡山県で過ごした高畑監督は、家から歩いて行ける場所に岡山機関区があった。そこで９６００形や８６２０形といった機関車を毎日見て過ごし、山陽本線を颯爽と走るＣ59形機関車に憧れた。子供の頃の夢は「機関車の運転手」で、晩年も愛用のかばんには、梅小路機関車館で記念に購入したＣ62形のミニチュアプレートをぶら下げていた。

高畑監督は、リアリズムに徹底してこだわるアニメーターだった。同じスタジオジブリの宮崎駿監督が、漫画らしい、柔らかくダイナミックな動きのアニメーションを好んだのとは対照的に、リアルな動きはもちろん、作品に映るあらゆるものに必然性を求めた。演出として参加した「アルプスの少女ハイジ」では、ハイジたちが食べるパンの種類や調理法を取材し、監督を務めた「火垂るの墓」では神戸を空襲するB29の飛行ルートまで調べ上げたほどだ。

リアルな鉄道が作品に時代性を与える

そんな高畑勲が、鉄道ファンを唸らせた作品がある。１９９１年に公開された「おもひでぽろぽろ」だ。

岡本螢原作、刀根夕子作画の漫画を原作とするこの作品は、１９８２（昭和57）年の夏を舞台に、27歳の岡島タエ子が山形を訪れ、東京で育った小学生時代を思い出すというストーリー。「火垂るの墓」から独自色を強めた高畑監督が、自らのスタイルを完成させた作品だ。

1982年の上野駅の様子が再現されたシーン　人々の服装や掲示物に至るまで緻密だ

寝台特急「あけぼの」 B寝台のシーン　寝台列車独特の雰囲気が読み取れるカットだ

この作品に、鉄道が描かれる。それも、上越新幹線開業直前の、1982年夏の上野駅とブルートレイン「あけぼの」。そして山形駅と、国鉄仙山線高瀬駅だ、高畑勲の完璧主義とも言えるほどのこだわりによって、国鉄華やかなりし時代の鉄道風景が描かれた。

主人公タエ子は上野駅から寝台特急「あけぼの3号」に乗って、姉の夫の親戚がいる山形を訪れる。

1982年夏といえば、東北新幹線大宮〜盛岡間が暫定開業し、上野駅からは大宮までの新幹線リレー号が運行、上野〜青森間の特急「はつかり」をはじめとする国鉄長距離特急列車も最後の活躍をしていた時期だ。無数の列車案内札が掲げられた上野駅中央改札口、尾久の車両基地から地平17番ホームに推進運転（バック）で入線する寝台特急「あけぼの3号」。ホームに新聞紙を敷き、正座して列車を待つおばあさんも、新幹線開業前の上野駅で実際に見られた光景だ。

ブルートレインの車両も、寝台のカーテンの色から通路の消火器まで、実際の姿をよく再現していた。未明の山形駅に到着するシーンでは、板谷峠を越えてきたED78形電気機関車の独特な台車も美しく再現されていた。

当時はまだ三段式だったはずのB寝台が二段式だったり、山形駅到着時刻が20分ほど早かったりといった差異はあったが、そんな重箱の隅をつつきたくなるくらい、鉄道描写が正確だった。

高畑監督のリアリズムへのこだわりは音にも及び、寝台特急がすれ違う通勤電車の駆動音や、ラストで主人公が乗るディーゼルカーのエンジン音も、正確に実車の音を再現していた。

「おもひでぽろぽろ」が公開された１９９１年は、ＪＲ発足から5年目。各地に華やかな新型車両が続々と登場し、10年足らず前の国鉄風景は急速に過去のものとなっていた。高畑監督は、記憶の中の国鉄を正確に再現することで、１９８２年という時代をスクリーンに甦らせたのである。

「エヴァンゲリオン」シリーズ

庵野秀明　1960～

線路を哲学的に愛する

「エヴァンゲリオン」シリーズなどで知られる庵野秀明監督も、鉄道ファンだ。もともと庵野監督は、アニメのほか漫画や特撮にも精通する「オタク」として知られているが、鉄道に関しても造詣が深い。

庵野氏の作品には、鉄道が数多く登場する。1995年放送開始のテレビシリーズ「新世紀エヴァンゲリオン」や2007年公開の「ヱヴァンゲリヲン新劇場版：序」には、箱根登山鉄道風のリアルな鉄道車両が描かれたし、2020年4月に公表された、「シン・エヴァンゲリオン劇場版」（2021年公開）のティザービジュアル第二段は、線路の彼方に少年が立っているというものだった。

実写作品でも鉄道は印象的に描かれた。故郷に帰った映画監督（岩井俊二）が不思議な少女と出会う「式日」（２０００年）では、庵野監督の故郷でもある山口県宇部市の線路や電車が象徴的な存在として描かれた。大ヒットした「シン・ゴジラ」（２０１６年）でも、京浜急行や江ノ電、東海道新幹線などさまざまな列車が活躍している。

庵野監督は、「線路好き」だと言う。「シン・ゴジラ」が公開された２０１６年に東京ビッグサイトで開催された「鉄道模型コンテスト」のトークショーでは、線路について「必要なものしかない機能美が好き」と語った。線路は必ず２本ないと完成せず、その２本のレールは平行で、決して交わることがない。「平行で、交わることのない２つが同時に存在しないと成立しないところに、哲学的な魅力を感じる」と述べた。

鉄道の機能性が表現されたＤＤ51三重連シーン

庵野作品には、たびたび電柱と電線が描かれる。電柱は、人々の生活に必要な電気を送るという機能に徹した存在だ。線路と同様一切の装飾を削ぎ落とした、本当に必要なものだけを備えた存在に、庵野監督は美しさを感じているのではないか。

鉄道ファンを唸らせた「ヱヴァンゲリヲン新劇場版：序」のDD51三重連シーン　©カラー

三相交流を扱う電線は必ず3本セットで設置されており、電柱から伸びる電線の本数は必ず3の倍数だ。庵野作品に出てくる電柱は、そうしたディテールが正確に描かれている。装飾されたものではなく、機能に徹した姿の美しさが表現されている。

鉄道が備える機能美をシンプルな形で表現したのが、2007年に公開された「ヱヴァンゲリヲン新劇場版：序」の、ヤシマ作戦のシーンだ。「第6の使徒」に対抗するため、日本中の電力をエヴァ初号機に集中させるヤシマ作戦。全国の輸送装置が集められ、鉄道もDD51形ディーゼル機関車が三重連で巨大な変圧器を輸送する。短時間で大量の変圧器を陸上輸送するため、急遽鉄道が増設されたのだろう。DD51が牽引する貨車は、実際に超大型の変圧器を輸送する大物車シキ800形をモデルとしたシキ880。実際には、短期間に軌道を敷いて大量の大物車を用意することは難しいだろうが、短いシーンで大量輸送が可能な鉄道の機能が端的に表現されていた。庵野監督の鉄道愛を感じさせるシーンだった。

「機動警察パトレイバーREBOOT」

吉浦康裕　1980〜

作品のファンから監督に

高畑勲や庵野秀明といった才能の、次の世代を担うアニメクリエイターのひとりが、「イヴの時間」や「機動警察パトレイバーREBOOT」、そして2021年公開の「アイの歌声を聴かせて」などの監督を務める吉浦康裕監督だ。学生時代に「新世紀エヴァンゲリオン」のファンになったことをきっかけにアニメーターを志し、2008年、ウェブ上

機動警察パトレイバーREBOOT
©HEADGEAR／バンダイビジュアル・カラー
Blu-ray／バンダイナムコアーツ

で連続アニメーション「イヴの時間」を発表。人間型ロボット（アンドロイド）が実用化されて間もない時代を舞台に、人とアンドロイドの交流を描いた作品は大きな話題を呼び、劇場版も公開された。

２０１６年、その吉浦監督が、短編アニメ作品をウェブ上で公開する「日本アニメ（ー）ター見本市」に「ＥＸＴＲＡ（番外）」という形で発表した作品が「機動警察パトレイバーＲＥＢＯＯＴ」である。

「機動警察パトレイバー」は、23頁でも紹介した通り、企画集団ヘッドギアが１９８８（昭和63）年から発表したリアル・ロボットアニメシリーズだ。実在する東京を舞台に、レイバーと呼ばれる土木機械としてのロボットと、レイバーを使った犯罪を取り締まる警視庁特車二課の活動が描かれた。

２００２年に劇場公開された「ＷＸⅢ」「ミニパト」を最後に新作アニメーションは制作されていなかったが、「日本アニメ（ーター）見本市」で、現代のアニメーション技術でパトレイバーを作ったらどうなるかというアイデアが出た。パトレイバーの大ファンだった吉浦監督は、その話を聞くと自ら手を挙げ、原作者であるヘッドギアのメンバーに「こういうパトレイバーを作りたい」とプレゼンして、企画が実現したのだという。

「日本アニメ（ーター）見本市」のフォーマットに沿って作られた「機動警察パトレイバーＲＥＢＯＯＴ」は、本編が7分弱の短編作品だ。朝の台東区谷中（にそっくりな商店街）に、レイバーを操縦する犯罪者がネット中継をしながら乱入。警視庁のパトレイバー隊が出動し、女性隊長の作戦によって取り押さえるというシンプルなストーリーである。

東京の風景を表現するために必要だった鉄道

吉浦監督は、これまで見て来たクリエイターたちと異なり、特に鉄道ファンというわけ

上野駅を通過するパトレイバー

ではない。だが、この作品にもやはり鉄道が登場する。谷中の夕やけだんだんから日暮里駅方面に追い込んだ暴走レイバーを挟み撃ちにするため、もう一台のパトレイバーが山手線の線路を通って、日暮里駅前の下御隠殿橋に急行するのだ。上野駅の2番線、山手線内回りホームをDD51形ディーゼル機関車にけん引されたレイバーキャリアが通過する。下御隠殿橋は日暮里駅東口側が非常に狭く、大型のパトレイバーは通過できないため、鉄道を利用して現場に急行したのだろう。実在する東京を舞台とする、「パトレイバー」らしい設定だ。

だが、このシーンには大きな矛盾がある。パトレイバーの全幅は、公式設定によれば全幅4・37m。それに対して、在来線の車両限界は全幅3m以下と決められている。新幹線ですら3・4mだ。作品で描かれたように、レイバーを仰向けに載せたキャリアが、線路の上を走れるわけがない。仮にレイバーを横にしたところで、在来線に認められた最大高は4・1m。こちらも成立しない。鉄道でレイバーを運ぶのは、根本的に不可能なのだ。

リアリティを重視する「パトレイバー」で、なぜ明らかに矛盾する「鉄道でのレイバー輸送」を描いたのか。吉浦監督は、

「鉄道は、東京という都市を象徴する存在なのでぜひ描きたかった」

と語る。

吉浦監督は福岡県出身。上京したのは、2006年、26歳の時だ。

「東京に来て最初に驚いたのが、新宿駅でした。人と待ち合わせをしたのですが、地元の駅では考えられないほど巨大かつ複雑で、迷ってしまったのです」

新宿駅は、隣の代々木駅の手前まで広がり、小田急や京王などを巻き込んできわめて巨大なターミナルだ。絶えずどこかで工事をしていることもあり、ゲームのダンジョンに例えられるほど複雑な構造をしている。

「路線図を見ても、複雑過ぎて、こんなの分かるわけないだろうと（笑）。東京の人は、よくこんな複雑な電車を乗りこなせるものだなと思いました」

だが、東京の生活に慣れてくると、普段利用する路線がだんだん頭に入り、今度はどこへ行くにも電車で事足りることがわかってくる。

「みんな、電車を頼って生活しています。東京は、鉄道の都市なんだと強烈に思いました」

「パトレイバー」の監督を務めるにあたり、吉浦監督はやってみたいことをリストに書き出した。団地のベランダ越しに見るレイバー。下町の路地裏に立っているレイバーを、特撮的な視点で見上げるカット。東京の街中で、全然人が避難していない中でレイバー同士が闘うという状況。

「その中のひとつに、ストーリーに鉄道を絡めるというのがありました。東京の象徴のひとつとして、鉄道を出したかったんです」

朝の8時台、まだ通勤時間帯で大勢の人がいる山手線上野駅のホームに、緊急車両の通過を伝える放送が流れる。JRの機関車が、レイバーを搭載した警視庁の特殊車両をけん引して慌ただしく通過し、その場に居合わせたレイバーファンの青年たちが、嬉しそうにスマホを向ける……。

そんな「レイバーが存在する東京の日常風景」を表現するためには、鉄道がぜひとも必要だった。

「もちろん、線路を走らせるにはレイバーが大きすぎることは分かっていましたが、上野駅を通過するシーンを描きたいという欲求の方が勝りました。そもそも、現実には電線などが多すぎて街中でレイバーを動かすということ自体難しいですから」

精巧に描かれたＤＤ51形機関車のひみつ

ところで、このシーンでレイバーキャリアをけん引している機関車は、ＤＤ51形８９７号機。この機関車は、２０１９年５月までＪＲ東日本高崎車両センターに所属していた実在の車両だ。同センター所属の機関車のうち、本機だけが装備していた運転台下のタブレットキャッチャーもしっかり描かれている。特に鉄道ファンではないはずの吉浦監督にしては、この機関車は実に作画がリアルである。

「実は、この機関車は、日本アニメ（ーター）見本市を主催したカラーに資産としてあったデータで、それをベースに使わせていただいたんです」

カラーは、庵野秀明氏が代表を務める製作会社だ。

「庵野監督は鉄道に思い入れのある方じゃないですか。ですから、絶対にいい加減なつくりではないという安心感がありました」

東京の日常を象徴する存在として描かれた鉄道。そこには、リアルさとクリエイターとしての思い入れ、そして作品を成立させる「嘘」がバランスよくちりばめられていた。

「機動警察パトレイバーREBOOT」は、ネット配信サービスでは見られないが、Ｂｌｕ－ｒａｙが発売されている。

生き物のように動き、輸送という機能を極め、人々の人生と生活を乗せて走る鉄道は、さまざまな形でクリエイターの想像力を刺激する。

では、逆に鉄道会社の立場からは、アニメーションはどのように映るのだろうか。次の章では、アニメーションの力に注目した鉄道会社にスポットを当て、鉄道会社とアニメーションのコラボレーションについて述べていこう。

第4章

西武鉄道が「アニメの鉄道会社」と呼ばれるまで

2020年も新ラッピング電車が登場

報道公開された「DORAEMON-GO！」

2020年10月8日、西武新宿線上石神井駅に隣接する上石神井車両基地で、西武鉄道の新しいラッピング電車、「DORAEMON-GO！」の報道お披露目が行われた。藤子・F・不二雄原作の漫画「ドラえもん」連載開始50周年を記念して、西武鉄道のスマイルトレインこと30000系電車が、ドラえもんをイメージしたブルーのカラーにラッピングされた。1979（昭和54）年から「ドラえもん」のテレビアニメを制作しているシンエイ動画が新宿線の田無にある縁から実現したもの。式典には、西武鉄道喜多村樹美男社長のほか、藤子プロの伊藤善章代表、シンエイ動画の梅澤道彦社長も出席し、テープカットを行った。車内もドラえもんでいっぱいの「DORAEMON－GO！」は、式典と報道公開が終わるとまもなく出庫し、営業列車として走り始めた。

「DORAEMON－GO！」を運行する西武鉄道は、東京都と埼玉県に176・6㎞の路線を展開する大手私鉄だ。全国に16社ある大手私鉄の中でもアニメーション作品との関わりが深いことで知られ、「西武鉄道といえばアニメ」「アニメの鉄道会社」という評判もあるほどだ。その関わりは、単純なコラボレーションに留まらず、ラッピング電車の運行から作品舞台を訪ねる聖地巡礼旅の演出、果ては独自の完全オリジナルアニメーション作品の制作まで、きわめて多岐にわたっている。

鉄道事業者である西武鉄道が、なぜアニメと深く関わるのか。この章では、年々アニメとの親和度を高めている、西武鉄道の歩みをたどっていこう。

地域密着を目指してアニメに注目

西武鉄道が、アニメーション作品に注目し始めたのは、2005年頃のことである。

2000年代初頭まで、西武鉄道は不動産会社のコクド（旧国土開発）を親会社とし、リゾート開発や沿線外での不動産開発などを積極的に行う企業だった。

だが、2004年に発覚した総会屋への利益供与事件をはじめとする複数の事件をきっかけに、大規模なグループ再編が行われる。旧経営陣はすべて退任し上場も廃止（2014年に再上場）。事業内容の抜本的な再編が行われ、西武鉄道はそれまでの多角経営企業から、鉄道事業と関連事業を行う、普遍的な鉄道会社となった。

再編がある程度落ち着いた頃、より地域に密着した鉄道会社となるために、沿線価値の再検討が行われた。そこで挙がった沿線の特徴が、地盤が固いということと、寺社仏閣やアニメーション関連会社が多いということだった。このうち地盤については、防災面での強みにはなるものの、他の地域と比較してPRするものではない。寺社仏閣は他の鉄道沿線にもたくさんあるうえ、新鮮味を出すのが難しいと考えられた。

注目されたのが、アニメーションだ。西武鉄道沿線ならではの特色であるうえ、タイミングも良かった。

2005年は、フジテレビ系列でアニメやゲームをはじめとするポップカルチャーをテーマにしたドラマ「電車男」が放送された年である。翌2006年には、深夜アニメの

「涼宮ハルヒの憂鬱」がブレイク。アニメに対する世間の評価がいわゆる「オタクの趣味」から「誰もが子供の頃から楽しんでいる趣味」に変化しつつあった。

実際、西武鉄道沿線、特に練馬区と杉並区にはアニメーション制作会社が多い。練馬区には戦後アニメーションの発祥の地とも言える東映アニメーションの大泉スタジオがあり、杉並区には「ガンダム」を生んだサンライズがある。ふたつの区には合わせて200以上のアニメーション関連企業が集まっていた。

環境問題を周知する社会貢献活動としてスタート

2007年10月、西武鉄道はアニメーション業界を代表する一般社団法人日本動画協会と提携し、「アニメのふるさと」プロジェクトをスタートさせる。日本が誇るアニメーション作品の多くが、西武鉄道の沿線で生み出されているという特徴を利用して、沿線のイメージと価値を高め、最終的に定住人口の増加につなげるという考え方だ。

もっとも、話はそう簡単ではない。アニメ作品は、その世界観を大切にする。同じ西武

沿線の環境を紹介した「アニッコ」

沿線で制作されているからといって、ガンダムとドラえもんが手をつないで出てくることは不可能だ。そもそも、アニメ作品は西武鉄道を宣伝するためにあるわけではない。西武鉄道の広告としてキャラクターを登場させたところで、それは単なるタイアップ広告であり、沿線価値を高めることにはつながらない。加えて、一連の不祥事からまださほど時間がたっておらず、西武鉄道に対する世論はいまだ厳しかった。安易なコラボレーションは、かえって批判の的になりかねなかった。

各作品の世界観を壊さずに、アニメを活かして地域の価値を高めるにはどうしたらよいか。

西武鉄道の最初の選択は、環境保護の周知を中心とした、社会貢献活動だった。

2008年4月、「アニメのふるさと」プロジェクト第一弾として、「かんきょうキッズ・ふるさとウォーク」が開催された。これは、西武池袋線大泉学園駅から、石神井公園を経て同新宿線上井草駅まで、地域や地球環境についてのクイズを解きながら歩くイベントで、各ポイントの看板などにアニメキャラクターを配置した。子供たちは、地域を歩きながらさまざまなキャラクターに出会い、環境について学ぶことができた。

同年10月には、「切符ｄｅアート」を開催。駅で回収された使用済み乗車券を使って、「機動戦士ガンダム」や「鉄腕アトム」などアニメ作品の壁画を制作したプロジェクトで、沿線の小学校の校外授業という形で実施された。大量の使用済み乗車券を使うことで、資源問題、リサイクル、エコロジーについて考えてもらうという試みだ。

さらに12月、環境をテーマにしたフリーマガジン「アニッコ」を創刊、西武鉄道各駅などでの配布をスタートさせた。毎号さまざまなアニメ作品とコラボし、キャラクターとともに沿線の自然環境や、環境問題を紹介する子供向けの冊子で、２０１４年発行の18号まで続いた。

杉並区からの思わぬオファー「ガンダム像」

環境問題への取り組みから始まった、西武鉄道とアニメ作品のコラボレーション。確か

上井草駅前のガンダム像「大地から」　©創通・サンライズ

に環境問題は大切だ。特に「アニッコ」は、毎回表紙にお馴染みのアニメキャラクターを掲載することで子供やアニメファンの興味を引き、一定の成果を上げることができた。

一方で、「アニメキャラが環境問題を紹介しているから西武鉄道沿線に暮らしてみよう」という発想にはなりにくい。環境問題の提起や企業イメージの向上には貢献したが、沿線価値を大きく高めるまでには至らなかった。

だが、本命は思わぬところにあった。「アニメのふるさと」プロジェクトの準備をすすめる過程で、沿線自治体やアニメ制作会社とつながりが生まれていたのだ。

杉並区は、区内にアニメ制作会社が多かったことから、アニメーションを地場産業のひとつと捉え、2001年に「アニメの杜・すぎなみ構想」プロジェクトをスタートさせていた。２００２年には区内のアニメ制作会社で6カ月間の研修を受ける人材育成プログラム「杉並アニメ匠塾」を実施。２００３年には、荻窪に杉並アニメ資料館（現在の杉並アニメーションミュージアム）がオープンするなど、さまざまな取り組みを行っていた。

２００６年、「機動戦士ガンダム」を制作したサンライズがある西武新宿線上井草駅周辺の商店街が、ガンダムを街のシンボルにしたいと、ガンダム像の設置を２３７６人分の署名とともに区に要望した。

ところが、上井草には広場のようなスペースがほとんどない。西武新宿線は元々駅周辺の土地に余裕がない駅が多く、上井草駅も駅前広場がなかった。

杉並区は、西武鉄道に対し駅の敷地にガンダム像を置かせて欲しいと申し出た。「アニメのふるさと」プロジェクトを始めようとしていた西武鉄道にとっては、まさに渡りに船。交渉はスムーズに進み、上井草駅南口駅前の西武鉄道敷地内にガンダムの銅像が設置されることになった。

２００８年3月23日、「機動戦士ガンダム」の富野由悠季総監督も出席して除幕式が行われた。同時に、駅の発車メロディも「機動戦士ガンダム」の主題歌「翔べ！ガンダム」に変更。駅売店のシャッターにもガンダムのイラストが描かれた。人々が毎日利用する駅に「ガンダム」がいて、電車が到着して主題歌のメロディが流れれば、多くの人が「ここはガンダムの街なんだな」と気付く。ガンダム像の設置は大きな話題となり、銅像と発車メロディを目当てに上井草駅を訪れるファンも増えた。

練馬区もアニメで地域振興をスタート

同じ頃、東映アニメーション大泉スタジオがある練馬区も「アニメ発祥の地・練馬区」として、アニメを利用した地域活性化を目的とした事業をスタートさせていた。同区の商工観光課が中心となってさまざまな企画が考案され、西武池袋線の練馬区内の駅に、アニメ作品とコラボした案内板を設置することになった。練馬高野台駅にちばてつや氏の「あしたのジョー」、虫プロダクションが近い富士見台駅は「鉄腕アトム」といった具合に、練馬区にゆかりのある作品の案内板が設置された。

中でも大泉学園駅は、東映アニメーション大泉スタジオの最寄り駅とあって、事業の柱となる企画が検討された。そこで選ばれた作品が、東映アニメーションが制作したアニメ

「銀河鉄道９９９」だった。原作者の松本零士氏は長年大泉学園在住で、練馬区の「名誉区民」になっている。アニメ発祥の地・練馬区を代表する作品として申し分なかった。

いくつかの企画が検討され、大泉学園駅には９９９号の「車掌さん」オブジェが「名誉駅長」として置かれることになった。

駅周辺に多くの漫画家、アニメ関係者が暮らしている大泉学園駅

杉並区と練馬区が、ほぼ同時期に西武鉄道と連携してアニメに関する地域振興事業を進めたのは偶然だが、タイミングが良かった。どちらも区内ゆかりのアニメの像とオブジェを採用したあたり、内心ライバル心もあったのかもしれない。車掌さんオブジェが設置された１年後の２００９年３月８日には、大泉学園駅の発車メロディがゴダイゴの「銀河鉄道９９９」に変更。どうせやるなら本物をと、ゴダイゴのタ

ケカワユキヒデ氏が自らアレンジを行っている。

２００８年３月16日、大泉学園駅で行われた車掌さんオブジェ設置の記念式典には、松本零士氏が１日駅長として西武鉄道の制服を着て出席した。その席上のことだ。西武鉄道の担当者に、松本氏が言った。

「長年沿線で暮らした私は、西武鉄道には格別の思いがあります。どうでしょう、沿線をより元気にするためにも、西武線に銀河鉄道９９９の電車を走らせるというのは……」

西武鉄道が思ってもいなかった、「銀河鉄道９９９デザイン電車」のアイデアだった。

父の記憶から西武線沿線が第二の故郷となった松本零士氏

１９５６（昭和31）年に九州小倉から上京した松本零士氏は、23歳で結婚したのち、１９６０年代前半に大泉学園へ引っ越して来た。西武池袋線は、池袋から音羽の講談社や光文社、神保町の小学館、集英社といった大手出版社へ行くのに便利な路線で、トキワ荘があった椎名町をはじめ、沿線に大勢の漫画家が暮らしていた。だが、松本氏が大泉学園を選んだのには、もうひとつ別の理由があった。

それは、父親の存在だ。

松本零士氏の父親は、戦前、陸軍航空隊で中隊長まで務めた操縦士だった。戦前の所沢には、日本初の陸軍飛行場として開設された所沢陸軍飛行場があり、松本氏の父は若い頃、ここで操縦士としての訓練を受けていた。

「所沢の空を飛び、大泉の桜並木まで馬に乗っていったというような話を、子供の頃からよく聞いていました。ですから、大泉周辺というのは、私にとって懐かしい、夢の場所だったんです」（松本零士氏）

駅周辺を歩けば、ちばてつや萩尾望都といった漫画家によく会った。当時の大泉学園は緑豊かな新興住宅地で、高台にある自宅からは東映の撮影所もよく見えた。漫画だけでなく、アニメーションも志していた松本氏にとって、大泉学園と西武線沿線は子供の頃からの夢がそこかしこに散らばる、第二の故郷だった。とりわけ西武鉄道は、松本氏の生活を支えるとともに、父の思い出の地へ連れて行ってくれる特別な存在だった。

「ですから、西武鉄道さんの力になれることは、なんでも協力したいと思っていたのです」

アニメが一般社会に浸透していく時代の流れ

松本零士氏からの発案によって、「銀河鉄道999デザイン電車」の企画がスタートした。西武鉄道にとっては、上井草のガンダム像に続く「渡りに船」。「銀河鉄道999デザイン電車」は、1985（昭和60）年製造の3000系電車3011編成が充当されることになり、松本氏描き下ろしのイラストが提供された。銀河鉄道999のラッピング列車はそれまでにも上信電鉄や、北海道ちほく高原鉄道ふるさと銀河線（現在は廃止）などで事例があったが、完全オリジナルの書き下ろしイラストが提供されるのは異例のことだった。

車体には、メーテル、星野鉄郎、あるいは松本作品にたびたび登場する猫のミーくんといったキャラクターが大きく描かれ、飯能方先頭車には車掌さんが、池袋方先頭車にはメーテルが配された。車体側面の青い地球には、地球環境を保護しようというメッセージも込められた。

「向かってくる時と、去って行く時、それぞれの見え方を考えて、見ていて楽しい、明るい気持ちになるデザインを描きました。楽しかったですよ」（松本氏）

都内を運行するラッピング電車は、東京都の屋外広告物条例の制限を受けるが（7章参照）、「銀河鉄道999デザイン電車」は、自治体である練馬区が行う地域振興策の一環であるとして、特例が認められた。

こうして完成した電車は、車掌さんオブジェ設置の記念式典から約1年後の2009年5月1日、西武池袋線を中心に運行を開始した。運行初日は松本氏が1日車掌を務め、「このまま宇宙に飛んでいって、アンドロメダまで行ってしまうかもしれません」と車内アナウンスを行った。

「銀河鉄道999デザイン電車」は大きな話題を集め、当初は2013年春まで4年間の運行予定だったのが、1年余り延長して2014年12月まで走り続けた。さらに2年後の2016年10月8日からは、2005年製の20000系20058編成が「2代目銀河鉄道999デザイン電車」となって復活。今度は沿線風景と調和する色として、練馬区オリジナルの「ねりまグリーン」を基調としたデザインとなり、2019年3月まで運行された。途中ブランクはあるものの、初代・2代で10年にわたり、地域のシンボルとして走り続けたのである。特定作品とのコラボレーション列車としては、異例とも言える長期間の運行だった。

（上）3000系初代銀河鉄道999デザイン電車　（下）20000系2代目銀河鉄道999デザイン電車　©Leiji Matsumoto. SEIBU Railway Co.,LTD.

アニメツーリズムに注目が集まる

銀河鉄道９９９デザイン電車を成功させた西武鉄道が次に打った手は、アニメによる誘客施策だった。アニメの力を利用すれば、多くのファンを集め、もっと直接的に集客に結びつけることができるのではないか。

その背景には、２００７年放送のアニメ「らき☆すた」による鷲宮「聖地巡礼」ブームがあった。女子高生の日常を描いた「らき☆すた」は、アニメ化に際して原作者・美水かがみの故郷周辺の埼玉県鷲宮町（現・久喜市）などをモデルにしたと言われ、放送中から大勢のアニメファンが訪れたことがニュースで報じられた。いわゆる、「アニメ聖地巡礼ブーム」が巻き起こったのである。

それまで観光とは無縁に思われたアニメファンたちが、特に観光地でもないアニメの舞台を続々と訪れ、しかも通常の観光客以上に消費した。最初は「アニメオタクが奇妙な行動をしている」と色眼鏡で見られていたが、普通の観光客以上に消費し、マナーも良いことが伝わると受け入れ側も変わり始めた。

埼玉県は、それまで観光産業にそれほど力を入れていない県だったが、２００９年４月に観光振興室を昇格させる形で観光課を設置すると、アニメツーリズムを柱のひとつに据えた。そこで出てきたアイデアが、「アニメのふるさと」プロジェクトを進めアニメに力を入れる西武鉄道と、県内有数の観光地・秩父を組み合わせた企画の推進だった。

課題を残した「銀河鉄道９９９ｉｎ秩父」

秩父地域は、「アニメのふるさと」プロジェクトが始まった２００８年当時で年間約４１１万人が訪れる、埼玉県最大の観光地だ。１９６９（昭和44）年に西武秩父線が全通して以来、西武鉄道の観光施策も秩父を最大の柱としていた。

だが、秩父は秩父神社や秩父夜祭りなど、伝統的な見どころが多く、観光客の高齢化が指摘されていた。もし、若年層が中心のアニメファンを秩父に呼び込むことができれば、秩父地域にとっても西武鉄道にとってもメリットが大きい。

問題は、秩父を舞台にしたアニメ作品が当時はほとんどなかったことだ。そこで、西武鉄道の成功事例である「銀河鉄道９９９」を使ったイベントが企画された。

秩父鉄道ではＣ58形蒸気機関車を使ったＳＬ列車「パレオエクスプレス」が運行されている。西武鉄道の「銀河鉄道９９９デザイン電車」を西武秩父駅まで運行し、本物の蒸気機関車に９９９号のヘッドマークを付けて秩父鉄道を走らせれば、他には真似のできないイベントとなるはずだ。さらに秩父地域を「銀河鉄道９９９」の世界に見立てたスタンプラリーを実施すれば、秩父の観光振興も図れる。アニメファンや鉄道ファン、さらにはファミリー層まで、幅広い層を取り込める魅力的なイベントとなるだろう。

この企画に、原作者の松本零士氏は快諾。東映アニメーションの協力も得られたが、想像以上に大きなプロジェクトとなることが判明した。２０１０年４月、秩父市観光課と秩父観光協会、そして西武鉄道と秩父鉄道が参加して、「銀河鉄道９９９」のイベントを実行する「秩父アニメツーリズム実行委員会」（以下実行委員会）が組織された。

こうして実施されたのが、『銀河鉄道９９９』スタンプラリー～星々を巡る旅～」である。開催期間は、２０１０年8月１日から10月31日までの92日間。８月31日には、「銀河鉄道９９９デザイン電車」とＳＬ「パレオエクスプレス」が連携するスペシャルイベント、「銀河鉄道９９９ｉｎ秩父」が開催され、「パレオエクスプレス」の終点・三峰口駅では、松本零士氏によるトークショーなども行われた。

このスペシャルイベントは、夏休み最後の週末の観光イベントとしては一定の成果を収めた。だが、3カ月間の観光キャンペーンとして見ると、期待したほど思うように参加人数が伸びなかった。

「銀河鉄道999」は誰もが知っている国民的作品だが、長年にわたって世の中に定着した「定番コンテンツ」。日常生活の中で「銀河鉄道999デザイン電車」が来れば嬉しいが、秩父まで出かける動機にはなりにくかった。

実行委員会内での役割分担が明確でなく、どのような効果を狙って、それぞれの企業や団体が何をするのかもはっきりしなかった。商工会議所が参加しなかったため、せっかく「銀河鉄道999」を目当てに秩父を訪れても、商店や食堂などは普段通りで作品世界に浸れない。ファン同士が集い作品について語り合うような場もなく、スタンプラリーをクリアしたら、あとは普通の秩父観光をするしかなかった。

「銀河鉄道999」という強力なコンテンツがあったのに、作品世界や秩父地域の強みを十分に活かすことができなかったのである。

反省を活かした「あの日見た花の名前を僕達はまだ知らない。」

２０１０年10月、「銀河鉄道９９９ｉｎ秩父」は、一定の成果と課題を残して終了した。秩父アニメツーリズム実行委員会は、このイベントの報告をもって、いったん活動を終えるはずだった。

それから1カ月ほどが経過した11月、西武鉄道のアニメプロジェクトを担当するスマイル＆スマイル室に、１本の電話が入った。それは、アニメーション作品の企画・制作を行うアニプレックスからだった。

「来年放送する秩父を舞台にした作品に西武鉄道の電車を登場させたいので、許諾をいただきたい」

その作品とは、「あの日見た花の名前を僕達はまだ知らない。」。小学生の頃に起きた事故によって亡くなったはずの少女「めんま」が、幼なじみだった高校生「じんたん」の目の前に現れたことから、事故以来疎遠になっていた少年少女たちが過去の傷を乗り越え、再び絆を取り戻していくという物語だ。

秩父を舞台に、西武鉄道が登場するアニメが制作される。しかも、秩父にはすでにアニメ関連の事業を行う実行委員会があり、ちょうど999関連のイベントが終わったタイミングで、すぐに協力体制に入れる。「あの日見た花の名前を僕達はまだ知らない。」、通称「あの花」は、まさにベストなタイミングで制作されたのである。

協力にあたっては、前回の反省をもとに、役割分担と目的が明確化された。秩父市観光課が関連イベントの主催と地元の調整を担当した一方、西武鉄道は「アニメのふるさと」プロジェクトを通じて得た知見とコネクションを活かして、制作会社との調整と宣伝プロモーションを担当。商工会議所も実行委員会に加わり、地元商店街の協力を得られる環境が整えられた。

作品を見て秩父を訪れる観光客は、作品の舞台を歩き、同じ風景を見つけて、作品世界を追体験したいと思っている。「らき☆すた」の鷲宮など、先行事例が改めてベンチマークされ、舞台探訪マップの制作のほか、ファンが楽しめるイベント企画、ファンが集い、交流できる場などが準備された。

また、実行委員会は秩父地域における「あの花」の窓口となった。例えば、地元の商店が「あの花」の画像を使ったお土産を販売したいと思った時、いちいち制作会社の許諾を取るのはお互いに手続きが煩雑だ。商品化やイベントなど、何か企画を考えたら市観光課にある実行委員会へ連絡すればよいという体制が整えられた。「銀河鉄道９９９ｉｎ秩父」のための協力組織があり、その経験が新鮮なうちに「あの花」がスタートしたおかげで、十分な体制を整えて放送開始を迎えることができたのだ。

4000系ラッピング電車。これは2014年に運行されたもの
©ANOHANA PROJECT

　だが、それでも関係者には不安があった。「あの花」は、原作をもたない完全オリジナル作品だ。ヒットするかどうかは、放送が始まってみないとわからない。制作側が作品世界を十分に鑑賞してもらうことを重視し、放送中はポスターなどを除いて舞台が秩父であることを積極的にＰＲできなかったことも、不安要素だった。西武鉄道ではすべての駅にポスターが掲出され、ポスターデザインを車体に貼ったＰＲラッピング電車が運行された。それでも、作品がヒットするかどうかはわからない。万一ヒッ

トしなければ、放送が終わって情報解禁となっても空振りに終わってしまう。

PRを抑えたことが起爆剤に

©ANOHANA PROJECT

東日本大震災の発生から約1カ月後の2011年4月14日深夜、フジテレビの深夜アニメ枠ノイタミナで「あの花」の放送が始まった。丁寧な心理描写と美しい映像に加え、「命を落とした幼なじみが現れ、一度は冷えた友だち同士の絆をもう一度確かめる」というストーリーは、震災に遭った人々の心を揺さぶった。「あの花」は高い評価を得て初回から大ヒット。深夜アニメ枠としては異例の瞬間最大視聴率5・5%を記録し、「平成最大の感動アニメ」との評価も聞かれるほどの人気作品となった。

放送中、作品舞台を積極的にＰＲできなかったことも、むしろプラスに働いた。作品には秩父のシンボルである武甲山や旧秩父橋、西武鉄道４０００系電車などが頻繁に登場し、舞台が秩父であることはひと目でわかる。熱心なファンは、初回放送直後から各シーンの場所特定を始め、放送開始２日後には早くも作品と同じアングルで写真を撮ってブログなどで公開を始めた。

もしこの段階から、舞台めぐりマップの配布やグッズ販売といった活動を行っていたら、ファンは商業主義的なにおいを感じてしらけていただろう。アニメファンは、企業や行政の思惑に乗せられるのを嫌う。放送中はほぼ沈黙を守ったことで、ファンは「踊らされるのではなく、自分たちが作品を盛り上げている」という意識を高め、口コミ力を増していった。

６月23日深夜に最終回が放送されると、秩父地域でのＰＲが解禁となった。７月23日には、秩父市内の舞台探

秩父札所17番の定林寺は「あの花」ファンの聖地に（秩父市提供）

訪マップ「めんまのおねがいさがしｉｎちちぶ舞台探訪」の配布がスタート。初日から大勢のファンが訪れ、秩父地域における「あの花ブーム」が始まった。さらに8月には、クイズラリー形式の『あの花』聖地巡礼～めんまの願いを叶えよう～」が開催される。ロケ地に隠されたキーワードを集めると、オリジナルポストカードがもらえるイベントで、期間ごとに3種類のステージが設定されたこともあり、わずか1カ月で4０００人以上が参加。しかも半数以上が初めて秩父を訪れる層だった。

２０１１年4月から10月までの7カ月間の、「あの花」関連での秩父地域訪問者数は8万人を数え、経済効果は3億２０００万円に達した。

バトンをつないで結実した「あの花」ブーム

その後、「あの花」は２０１３年に劇場版が公開。２０１５年には、同じ制作チームによる秩父を舞台にした青春アニメ「心が叫びたがってるんだ。」が公開され、どちらも興行収入10億円を超える大ヒットを記録した。２０１９年には、秩父三部作とも言われる

「空の青さを知る人よ」も公開された。

「あの花」のテレビ放送からすでに10年。通常、アニメーションなどのコンテンツビジネスは、時間の経過とともに入込数（訪れた人の数）が減っていく。「あの花」は２０１９年にスマホアプリを利用したデジタルスタンプラリーが開催されるなど、今も西武鉄道と秩父地域を代表する観光コンテンツとして人気を持続している。秩父市の観光客数も、２０１１年度の３５４万人から２０１９年度には５３７万人を記録するなど大幅に伸びた。これは、東日本大震災後に大都市近郊の行楽地が見直されたことも関係しているが、アニメによって秩父を訪れる人の年齢層が広がり、幅広い層に秩父が行楽の選択肢に入ったことも大きい。

企業の不祥事に端を発した沿線価値の再評価。そこから見出された、「アニメーション」という文化。それは、環境問題の啓発活動、杉並・練馬両区が競った地域振興、松本零士氏が抱いていた西武鉄道と「銀河鉄道９９９」への思い、秩父地域の観光振興への挑戦と反省と、まるでバトンをつなぐようにさまざまな出来事を生み出し、アニメファンを超えた「あの花」のムーブメントに結実した。「あの花」の成功がなければ、「らき☆すた」に始まる「アニメ聖地巡礼ブーム」は、一部のアニメファンによる一過性の現象として終わっていたかもしれない。

その後、西武鉄道は埼玉県飯能市を舞台とした「ヤマノススメ」、川越市が登場する「神様はじめました」など、さまざまな作品とのコラボレーションを行い、「西武鉄道＝アニメ」という評価を不動のものとしていった。

ついに、鉄道会社自らオリジナルアニメーションを制作

西武鉄道オリジナルアニメーション制作決定——

２０１７年11月。西武鉄道は、新たなリリースを発表した。「あの花」以来、数々のアニメ作品とコラボしてきた西武鉄道が、ついに自らアニメを作ると表明したのである。

制作は、「名探偵コナン」などを手がけるトムス・エンタテインメント。監督には「境界のＲＩＮＮＥ」の菅原静貴氏、脚本は「ハイキュー!!」の岸本卓氏が担当することが発表された。

翌２０１８年1月、オリジナルアニメ作品のタイトルが「ちちぶでぶちち」であると発表。３月30日、同社の公式サイトとＹｏｕＴｕｂｅチャンネルで本編が公開された。「ちちぶでぶちち」は本編約25分、テレビアニメ1回分の作品だ。見合いをすることになった西武鉄道社長の娘・薫子が、幼い頃、秩父で出会った名前も知らない少年を探しに秩父を訪れ、さまざまな男性に出会う。主人公の薫子の声は秩父市出身の黒沢ともよ、秩父で出会う男性たちは小野大輔、置鮎龍太郎など、日本を代表する人気声優たちが演じた。

西武鉄道オリジナルアニメーション「ちちぶでぶちち」（西武鉄道提供）

なぜ、西武鉄道はオリジナルアニメを制作したのか。

実は、この作品はインバウンド客、いわゆる訪日外国人旅行者をメインターゲットとしたものだ。

この10年で、「西武鉄道＝アニメ」というイメージはかなり定着していた。だが、それはあくまで日本国内に限定した話。日本を訪れる外国人観光客に、鉄道会社はほとんど知名度がない。

当時政府は、2020年度までに訪日外国人旅行者年間4000万人を達成するインバウンド政策を進めていた。特に2014年頃からは、全国の観光地に外国人観光客があふれるようになっていた。

少子高齢化が進む中、将来にわたって安定した輸送量を確保し収益を上げていくには、日本を訪れる外国人旅行者にも「西武鉄道に乗ってみたい」と思ってもらうことが必要だ。そのために、日本を代表する文化のひとつであるアニメーションを利用したブランディングを行うことにしたのである。

自社がすべての版権をもつアニメ作品を

欧米や台湾などでは、アニメやゲームをはじめとする日本のポップカルチャーの人気が非常に高い。特にフランスでは、日本を訪れたいと考えている人々のうち、ポップカルチャー愛好層の占める割合が食や歴史文化を求める層に次ぐ3位を占めていた。

だが、そこには大きな問題があった。

「版権」の存在だ。

著作権や著作隣接権など、アニメ作品にはさまざまな権利が絡んでいる。国内であれば、制作会社や制作委員会など窓口があり、許諾申請手続きはしやすい。だが、海外では作品ごとに版権を管理している会社が異なる。同じ作品でも国によって放送時期やプロモーション戦略が異なり、ある国では許諾が下りるが別の国では下りないなど、制約が多い。

いっそのこと、自社がすべての版権をもっている作品を作れば、いくらでも自由に使うことができる。日本のポップカルチャーに興味のある人々に見てもらい、「西武鉄道」という鉄道会社を知ってもらおう。

こうした発想から、西武鉄道オリジナルアニメーションの企画はスタートした。

「アニッコ」以来、10年間で培ったコネクションによって、制作会社は「名探偵コナン」などを手がけるトムス・エンタテイメント（ＴＭＳ）に決まった。西武鉄道とＴＭＳは、２０１５年にもデジタルサイネージ用のアニメ「でででん」で連携したことがあった。

新作アニメのメインターゲットは、日本文化に関心のある海外のＦ１Ｍ１層（20〜34歳男女）。サブターゲットとして、国内のＦ１Ｍ１層が設定された。企業がＰＲアニメーションを制作する例は近年増えているが、西武鉄道ははっきりと海外のアニメファン層をメインターゲットに据えた。

問題は、その内容だ。企業のＰＲ動画は難しい。企業側が伝えたい事柄を盛り込めば盛り込むほど、いかにも宣伝的な、「刺さらない」動画になる。また、幅広い利用者がいるからと、あまりに万人受けする内容にすると、人々の印象に残らない。特にアニメファンは目が肥えている。鉄道会社の安全性と環境性能の高さといった企業メッセージを「さりげなく」忍ばせても、見る方はすぐに「宣伝だ」と気付く。むしろその道のプロに一切任せた方が、面白い作品ができる。

西武鉄道が制作側に出した条件は、ふたつに絞られた。

・西武鉄道の電車を登場させる
・どこでもいいから、沿線の観光地を出す

「舞台は秩父」という条件すらなかった。

ほぼ一切が制作スタッフ、具体的には脚本家の岸本卓氏に任され、やがて純愛ものからパロディものまで、8種類のバラエティ豊かな脚本候補が提示された。通常は、ここから企業内で検討が重ねられて最終案が絞られていく。だが、鉄道会社が選ぶと、どうしても保守的で無難な選択になりやすい。やや奇抜すぎる案だけ除外したうえで、「どれがお気に入りですか」と岸本氏の意向が確認された。

「ちちぶでぶちち」には「52席の至福」が登場する

「それでは、これはいかがですか」

岸本氏が選んだ案は「ちちぶでぶちち」の元となる脚本だった。女性が運命の人を探して5人の男性と出会うたびに沿線の観光地を紹介する話だ。「話としても面白いですし、男性と出会うたびに沿線の観光地を紹介できますから、プロモーションとしても使いやすいですよ」

選択された脚本が、「女性主人公が複数のイケメン男性に出会う話」だったのは興味深い。すでに、「アニメ＝美少女」というステレオタイプな図式は過去のものとなっていた。

意味不明のタイトルがバズる

こうして制作された作品のタイトルは、「ちちぶでぶちち」。脚本の岸本卓氏が、「前後どちらにも進める電車」をイメージして回文にしたものだ。ストーリーと関係ないどころか、日本語としても意味不明のインパクトのあるタイトルで、発表されるやネット上で「バズった」(話題になった)。あまりのインパクトに、公開から2年を経た2020年でも「ちちぶでぶちちウケる」というツイートが頻繁に見られるほどである。

企業がオリジナルアニメーションを制作することは、それほど珍しいことではない。大成建設は2008年から新海誠監督によるアニメCMを制作しているし、アニメの名作を現代にリメイクした日清食品の「HUNGRY DAYS アオハルかよ」シリーズも話題になった。最近では、百貨店のマルイやアート引越センターなども、ウェブ上でPRを兼ねたアニメーション作品を公開している。

こうしたPRアニメのほとんどが、幅広い層への浸透を目指し、美しい映像と前向きな内容、そして企業イメージのPRで構成されているのに対し、西武鉄道の「ちちぶでぶちち」はアニメファンに「刺さる」内容に徹している。西武鉄道の社長が何故か執事やメイドのいる豪邸に暮らしていたり、イケメンが次々と薫子を口説いては何故か西武秩父駅の温泉にたたき込まれたり、ずっとセリフのなかった執事が「諦めたら、試合終了ですよ」と言い出したりと、まるで「アニメファンの社員が職権濫用して好き放題やったのではないか」と思わせるほど、アニメファンがニヤリとする突っ込みどころ満載な要素が詰め込まれている。

そこには、「鉄道会社はお堅い企業」というイメージを逆手に取り、親しみやすい企業イメージを作りたい西武鉄道の意図がある。「なんだか面白そうな会社だな」と思ってもらうには、「鉄道会社があまりくだけたことをするのはいかがなものか」と躊躇してはいけない。「アニッコ」以来、10年にわたってアニメ文化に関わり、アニメファンの嗜好を理解していたからこそできたことだろう。

２０１８年3月30日に公開された「ちちぶでぶちち」は、日本語のほか英語・フランス語・中国語（繁体字）のサイトが用意され、それぞれの字幕版が公開された。吹き替えではなく、字幕版としたのは、日本の声優が海外でも人気があるからだ。企業ＰＲアニメらしからぬ内容はネットニュースなどで話題となった。

アニメファンへの理解が足かせになり伸び悩んだ再生数

もっとも、この作品が大成功を収めたかと言えば、必ずしもそうとは言えない。公式YouTubeの再生数は、公開から2年半を経た2020年10月の段階で、四カ国語合わせて約5万回。他社のPRアニメの中には再生数が100万回を超える作品もあるなか、「ちちぶでぶちち」はインパクトと話題性のわりに再生数が伸びていない。

これについて、西武鉄道スマイル&スマイル室で「ちちぶでぶちち」を担当したひとりである栗崎康介氏は、「広告費を投入するなどして、プロモーションをもっと積極的にやればよかったかもしれません」と語る。

企業PRアニメとして、企業が表に出過ぎると、アニメファンはしらけてしまう。そのことを熟知していたため、公式サイトをオープンし、リリースを出したり電車の中づりポスターを掲示したり、デジタルサイネージで一部動画を流したりといったことは行った一方、外部に広告を出稿するといった積極的な宣伝活動はあまり行わなかった。

だが、アニメーションは「作品を見てもらう」ことからすべてが始まる。鉄道会社のウェブサイトは、時刻表や駅の情報を知るために見るもので、そこにアニメサイトがぽんと置いてあっても、わざわざ25分かけて見る人は多くない。思わず本編を見たくなるような予告編をさまざまなメディアで流すといった、多くの人に見てもらうための工夫がもう少し必要だったかもしれない。ファン心理を知り尽くしていたことが、逆にプロモーションの足かせになったのである。

メインターゲットとした海外では、毎年フランスで開催されるジャパンエキスポに西武鉄道のメインコンテンツとして出展。作品についてSNSでつぶやくとノベルティグッズがもらえるといった施策が行われた。こちらも、アニメを１本作っただけで、突然日本を訪れるアニメファンが増えるわけではない。旅行業界の展示会であれば、「来週日本に行くので情報を探しに来た」という具合に、具体的な訪日旅行の計画を持っている人が多いが、アニメ関連の展示会の来訪者はそうではない。多くの人は、「いつか日本に行ってみたい」といった程度の意識だ。まずは西武鉄道を知ってもらう、興味をもってもらう。中長期的な種まきにあたる施策が、「ちちぶでぶちち」の制作だった。

２０２０年はコロナ禍によって訪日観光客が一時的に激減したが、西武鉄道のオリジナルアニメーションは、その先を見据えている。

SNSから立ち上がるキャラクターとのコラボレーション

さて、アニメとのコラボレーションを10年以上続けてきた西武鉄道だが、近年はアニメだけでなくキャラクターとのコラボレーションにも力を入れている。これは、ツイッターやインスタグラムといったSNSが普及したことが大きい。アニメや漫画は基本的に制作側からのアプローチとなるが、キャラクターはSNSが流行の発信地となる。SNSで話題になっている、あるいは話題になる兆しが見えるキャラクターをピックアップすることで、よりユーザーに近い位置からキャンペーンが可能となる。

「ちちぶでぶちち」は、中長期的な訪日外国人旅行者への認知向上を第一の目的に制作されたが、短期的なインバウンド施策としてより効果を上げているのが、キャラクターコラボレーションだ。

2016年11月、訪日外国人向けキャンペーンとして「西武鉄道×LAIMOキャンペーン」がスタートした。訪日外国人限定のフリーきっぷ「西武レールパス」の認知度向上と、川越エリアへの誘客を目的としたキャンペーンで、台湾を中心にアジアで絶大な人気を誇るキャラクター「ＬＡＩＭＯ」を起用。外国人旅行者が指定場所で西武レールパスなどを提示するとＬＡＩＭＯのオリジナルグッズがもらえるというもので、特設サイトではＬＡＩＭＯが西武鉄道に乗って川越を旅するアニメーションも公開された。

この時点ではラッピング電車はなかったが、翌２０１７年３月、西武鉄道と台湾鉄路管理局（台湾の国鉄に相当）との姉妹鉄道協定が２周年を迎えることを記念して、ラッピング電車が登場。レモンイエローの２０００系電車に、ＬＡＩＭＯが台湾と日本の観光地８エリアを紹介するイラストがラッピングされた。

この時期、台湾鉄路管理局は日本の大手私鉄との連携に力を入れており、京浜急行や東武鉄道ともコラボレーションを行っていた。他社のコラボ電車が、台湾の車両を模したデザインを施すというアプローチが多かったのに対し、西武鉄道は台湾で人気のキャラクターを起用したのが興味深い。台湾の人は、ＳＮＳなどでＬＡＩＭＯ電車を見て「日本に行ってこの電車に乗ってみたい」と思い、日本人はＬＡＩＭＯ電車を見て「台湾旅行もいいな」と思いつく。台湾鉄路管理局の認知度向上だけでなく、日本、台湾双方の交流活性化を狙ったキャンペーンだった。

２０１８年２月、ＬＡＩＭＯラッピング電車第２弾が登場、３月には、ＬＡＩＭＯに加

カナヘイの小動物 ゆるっと小旅 西武鉄道で行く川越旅号
©kanahei / TXCOM

えてやはり台湾を中心に人気のキャラクター「爽爽猫」を6000系にラッピングした第3弾が運行を開始した。人気キャラクターが描かれた電車はSNSで話題になり、まだ日本を訪れたことのない台湾のファンにも、西武鉄道の認知度は上がっていった。

2018年12月からは、日本生まれのキャラクターで、台湾でも大人気の「カナヘイの小動物」とコラボした、10000系特急型電車「カナヘイの小動物 ゆるっと小旅 西武鉄道で行く川越旅号」を運行。2020年には第2弾として40000系「あなたとご縁!～小江戸・川越にピスケ&うさぎが出会った～ラッピング電車」が運行された。

キャラクターのファンが担当する強さ

国内向けでは、2018年3月、「ちちぶでぶちち」の公開とほぼ同時期にスタートした「ぐでたまスマイルトレイン」がある。「ぐでたま」は、サンリオの人気キャラクターで、ぐでぐでやる気のないたまご。デビュー10周年を迎えた30000系「スマイルトレイン」と、5周年の「ぐでたま」がどちらも「たまご」をモチーフとしていた縁で実現したコラボで、「やる気のない電車が走っている」と話題になった。

こうしたキャラクターコラボ電車の実現に大きな力となったのが、そのキャラクターの大ファンだった担当者の存在だ。「カナヘイ電車」も、「ぐでたまスマイルトレイン」も、それぞれのキャラクターの大ファンだった若手女性社員が企画を立案・担当している。アニメファンが、「原作を傷つけてはいけない」と聖地巡礼に際してもマナーを守るのと同様、作品のファンが担当者となったおかげで、「大好きなキャラクターでお客さまをガッカリさせてはいけない」という意識が芽生え、「わかっている感」のある、コアなファンも納得するコラボレーションにつながった。

「あの花」コラボと同様、タイミングにも恵まれた。それが、2019年3月、「ぐでたまスマイルトレイン」の後を受ける形でスタートした、40000系「コウペンちゃんいつもいっしょな　はなまるトレイン」だ。「コウペンちゃん」は、るるてあ氏原作のキャラクターで、「出勤してえらい！」と、なんでも前向きに褒めてくれる赤ちゃんペンギン。キャンペーンスタートからしばらくは、西武鉄道の通勤客を「えらい！」と励ましていたが、2020年に新型コロナウイルスの感染が拡大すると、「マスクをつけてえら〜い！」「時差通勤えらい！」と新しい生活様式を啓蒙するキャラクターにもなった。

アニメは、舞台とストーリーがあるぶん感情移入しやすい。「あの花」のようにうまくコラボレーションできれば、まるで作品世界が実在するかのように感じられ、利用者（ファン）の沿線への思い入れを強めることができる。有名作品であれば、そのリーチ力は抜群だ。ただ、ストーリーによって方向性が決まってしまうので、企業側のキャンペーンにはやや応用しづらい。例えば、よくあるコラボに、登場人物に鉄道の制服を着せたイラストがあるが、鉄道会社に親しみを感じるきっかけになる反面、物語から離れてしまうのでどうしても「コマーシャル感」が出てしまう。コウペンちゃんのような、世界観だけが存在するキャラクターは、世界観にマッチできれば、魅力発信からマナー啓蒙までさまざまな活用が可能である。

西武鉄道がアニメーションと本格的なコラボレーションを初めて12年以上。今ではアニメコンテンツに強い鉄道会社という評価を不動のものにしている。これは単にたくさんの作品とコラボしてきたからではなく、ジャンルや作品ごとの特性を理解し、タイミングにも恵まれて、ファンも納得するコラボレーションを提示できたことが大きい。

２０２０年10月にデビューした「ＤＯＲＡＥＭＯＮ－ＧＯ！」は、アニメコラボのリーチ力と、キャラクターコラボの応用力の広さ、その両方を備えた戦略的なコンテンツだ。これからは、作り上げた柔らかいイメージを、実際に定住者の増加に結びつける段階に入っていくことになる。

第5章

「エヴァンゲリオン」×山陽新幹線 500 TYPE EVA誕生秘話

コラボレーションに積極的な「エヴァ」シリーズ

1995年にテレビシリーズが放送されて以来、日本に留まらず世界のアニメシーンに大きな影響を及ぼしてきた、庵野秀明監督の「エヴァンゲリオン」シリーズ。2021年1月には、新型コロナウイルス感染拡大の影響により延期されていた最新作「シン・エヴァンゲリオン劇場版」が公開となり、その影響力はひとつのアニメ作品を超えて社会現象にまでなっている。

「エヴァンゲリオン」シリーズは、鉄道を含む他業種とのコラボレーションに積極的だ。コンビニエンスストアのローソンやセブンイレブン、ユニクロやBEAMSをはじめとする多数のアパレルブランド、NTTドコモやパナソニックなど大手先端企業、あるいは東京スカイツリーや神奈川県箱根町といった、さまざまな業種やブランドとコラボレーションしてきた。鉄道では、2012年の富士急行「ヱヴァンゲリヲン新劇場版：Q公開記念電車」、2020年の名古屋臨海高速鉄道あおなみ線が主要キャラクターのひとり「綾波レイ」とコラボした「あやなみ線」、名古屋鉄道の「エヴァ特別仕様ミュースカイ」などの事例がある。2020年は、「シン・エヴァンゲリオン劇場版」の公開に合わせたキャンペーンが多く、「エヴァンゲリオン×箱根2020」の一環として、小田急電鉄でもエヴァの特製ステッカーを車体に貼った50000形VSE「RomancecarVSE feat．EVA」が運行された。

「エヴァンゲリオン」と鉄道のコラボレーションとして、最も大きな話題となったのは、2015年11月7日から2018年5月13日まで、JR西日本の山陽新幹線で運行された、「500TYPE EVA」であろう。8両編成の500系をまるごと「エヴァンゲリオン」の世界観でデザインした「500TYPE EVA」は、多くの人々を驚かせた。

「500TYPE EVA」はいかにして生まれ、アニメ作品と鉄道会社にどのようなメリットをもたらしたのか。この章では、「エヴァンゲリオン」シリーズの版権管理を行っている株式会社グラウンドワークスの代表、神村靖宏氏の話を中心に、「500TYPE EVA」誕生までと、その効果について紹介しよう。

他の商品やサービスと組み合わせて作品価値を高める

「500TYPE EVA」の話をするには、まず「エヴァンゲリオン」のコラボレーションについて述べる必要がある。

コンビニからファッションブランドまで、なぜ「エヴァンゲリオン」は幅広いジャンルとコラボレーションを行っているのか。それは、単純に版権料を稼いで作品を宣伝するため……ではない。グラウンドワークスの神村氏は、

「他の商品やサービスと組み合わさることで、作品価値が高まり、より『エヴァンゲリオン』を楽しんでもらうことが目的です」

と語る。

「大切なのは、エヴァファンの方に、どのように喜んでもらうかという点と、コラボレーションを通じて新しく『エヴァ』に触れた方に、いかに作品を好きになってもらえるかという点です」

一見作品世界とは無関係なものでも、コラボ商品があることで、従来からのファンが喜

んで手に取り購入してくれたり、それまで「エヴァ」の世界に馴染んでいなかった人が、「格好いい、面白そう」と思って作品を見てくれたりする。これがコラボレーションの基本的な狙いだ。

「ですから、コラボは基本的に〝新しく〟かつ〝楽しい〟ものであるべきです。いくら価値があるものでも、値段の高いエヴァグッズを売りつけられた、と思ってもらいたくないのです」

「エヴァ」コラボのルーツは、１９９７年に公開された「新世紀エヴァンゲリオン劇場版Ａｉｒ／まごころを君に」でＵＣＣ上島珈琲とタイアップした、限定缶コーヒー「エヴァ缶」だろう。

１９９５年に放送を開始したテレビシリーズ「新世紀エヴァンゲリオン」では、劇中にＵＣＣそっくりの缶コーヒーが登場する。これは、現実に存在するものを作品に登場させてリアリティを上げるという「エイトマン」の時代から行われてきた手法（11頁）で、庵野監督も多用する手法だ。箱根湯本駅が放送当時の姿のまま描かれたり、小田急ロマンスカーそっくりの列車が現れたりしたのも、この手法である。もっとも、当時は事前にメーカーの確認を取ることもなく、描かれたのはデザインがUCCミルクコーヒーによく似た缶コーヒーだった。

これをテレビで見ていた広告代理店の担当者とUCC上島珈琲が、「アニメと実際にコラボレーションしたら、面白いのではないか」と発案。テレビシリーズ放送後に公開された劇場版で、正式なコラボレーションが実現した。UCC「エヴァ缶」コラボは、キャラクターを大きく描いた缶がコンビニに大量に並ぶというインパクトと、「作品中に、なんちゃって缶コーヒーを描いたら本当に本家とのコラボが実現した」という面白さから大きな話題となり、プレゼントキャンペーンに70万通もの応募がある大ヒット企画となった。以来2020年まで、エヴァンゲリオンの新作が公開されるたびに同様のコラボ企画が開催されている。

アニメファン向けのコアな商品から日常に溶け込むグッズへ進化

2007年9月、10年ぶりの新作となる「ヱヴァンゲリヲン新劇場版：序」が公開されると、「エヴァンゲリオン」とのコラボ企画は一気に増加する。２００６年に製作が発表された「新劇場版」シリーズは、全四部作となることが明らかにされた。その第一作となる「序」は、事前の予想を大きく上まわる、興行収入20億円のヒットとなり、第二作「ヱヴァンゲリヲン新劇場版：破」の公開に向けて、市場が急拡大したのである。

そんな中、２００８年にスタートしたのが「ＲＡＤＩＯ ＥＶＡ」だ。「日常に溶け込むエヴァンゲリオン」をコンセプトとしたプロジェクトで、さまざまなブランドとコラボしながら洋服やバッグ、シューズ、マグカップなど、多種多様なアイテムをリリースした。

従来、アニメコラボのアイテムといえば、キャラクターのイラストがでかでかとプリントされた、いかにも「アニメファン向け」の商品がほとんどだった。だが、「エヴァンゲリオン」は１９９５年にテレビ版が放送された時から、いわゆる「アニメオタク」ではない人々からも注目されており、アニメファンを一般層に拡大する役割を果たしていた。その傾向は、２００７年の「新劇場版」シリーズのスタートで一層高まる。ファッションに敏感な層からも肯定的に捉えられているということがわかってきた。

そんな時期に企画された「ＲＡＤＩＯ ＥＶＡ」は、キャラクターやメカニックを大きく描くのではなく、「エヴァンゲリオン」のコンセプトや世界観を洗練されたデザインに投影。作品に登場する組織「NERV」のマークがさりげなくデザインされたトップス、「エヴァ」のキーカラーがアクセントに使われたシューズ、アウターなど、日常に溶け込みつつも、確かに「エヴァンゲリオン」の世界を表現したグッズを展開した。

「RADIO EVA」は従来からのファンはもちろん、ファッションに敏感な層からも受け入れられ、スタートから10年を超えてもファンに支持され続けるプロジェクトだ。「エヴァンゲリオン」というコンセプトが、作品だけでなく、周辺業界とのコラボレーションを通じ、ひとつのアニメ作品を超えて世の中に浸透していく。そうした流れができつつあった頃、グラウンドワークスに提案された企画が、山陽新幹線500系とのコラボレーションだった。

デビュー当時から「エヴァっぽい」という声のあった500系

「500TYPE EVA」は、2015年に山陽新幹線岡山～博多間の開業40周年と、「新世紀エヴァンゲリオン」の放送20周年を迎えることを記念した、「新幹線：エヴァンゲリオンプロジェクト」として企画された。

５００系は、日本の新幹線車両として初めて時速３００㎞運転を実現した車両で、ＪＲ西日本の独自開発により１９９７年にデビューした。空力性能と騒音低減を極めるために、非常に長い先頭部と円形に近い車体断面をもち、その特異なスタイルが鉄道ファンのみならず一般の人からも高い人気を誇った。しかし、空力性能を優先したために、客室の広さや乗り心地に課題を抱え、２０１０年に「のぞみ」運用及び東海道新幹線から引退。以後は、８両編成に改造されて山陽新幹線区間の「こだま」に充当されていた。

５００系は、その生き物のようなスタイルから、デビュー当時から一部鉄道ファン、アニメファンの間で「エヴァに似ている」と言われていた。ＪＲ西日本では、２０１２年から子供向けに５００系をモチーフとしたキャラクター「カンセンジャー」を展開しているが、それ以前から社員の雑談では「５００系はエヴァっぽい」という声があったらしい。

２０１４年、開業50周年を迎えた東海道新幹線ではさまざまな記念キャンペーンが実施され話題となった。一方、翌年に控えていた山陽新幹線の全通40周年は、東海道新幹線と比べるとどうしても地味になりがちだ。東海道新幹線に負けない、インパクトのある企画を。そこから出てきたアイデアが、「新幹線：エヴァンゲリオンプロジェクト」だった。

「間違いなくいいものができる」という確信からスタート

「500系新幹線を、『エヴァンゲリオン』にしたら面白いと思うんです」

2014年頃、JR西日本を担当する大手広告会社からグラウンドワークスに、初めて「新幹線：エヴァンゲリオンプロジェクト」の企画が提案された。この時点ではまだ各方面に配慮された万全の企画ではなく、「500系の先頭車をエヴァ初号機の仕様にラッピングしたら、インパクトがあって格好いいに違いない」というアイデアの段階。そもそも、新幹線は沿線自治体の屋外広告物条例の規制を強く受ける。車体に広告物を掲出することはできないので、キャラクターを描いたり「エヴァンゲリオン」のシルエットをそのまま再現したりといった、作品の宣伝と見なされることはまず不可能だ。それでも広告会社の担当者は、

「『エヴァンゲリオン』なら、できると思うんです」

と、力説した。

「どこまでできるかわかりませんが、最低限、エヴァに似ている先頭車を初号機のカラー

でラッピングしたいのです」

「それはいい、ぜひやりましょう!」

企画案を聞いたグラウンドワークスの神村氏は、即答した。

「デザインは、ぜひ我々の方でやらせていただきたい。『エヴァンゲリオン』のメカニックデザイナーである山下いくとさん自身にお願いしましょう」

庵野監督も山下いくと氏も、鉄道が好きなことはもちろん、ふたりが500系に格別の愛情を抱いていることを神村氏は知っていた。庵野監督が監修し、山下氏がデザインすることで、一番好きな新幹線車両を自ら「エヴァンゲリオン」の世界で表現できる。他のアニメ作品とでは不可能な、「エヴァンゲリオン」ならではのコラボレーションが成立するという確信があった。

こうして、「新幹線：エヴァンゲリオンプロジェクト」は動き出した。

「エヴァ」をイメージしつつも「エヴァ」そのものではないデザインに

「絶対に勝ちを取れる」。ふたつ返事でスタートした「新幹線：エヴァンゲリオンプロジェクト」だったが、問題は山ほどあった。まず、ラッピングの問題だ。通常、こうした期間限定の塗装はフィルムによるラッピングで行う。しかし、500系V編成は、「こだま」専用とはいえ、最高速度285kmで走る新幹線車両だ。その先頭部には、絶えず強力な風圧がかかる。粘着剤で貼り付けたフィルムが万一走行中に剥がれてしまうようなことがあれば、事故につながりかねない。こうした懸念から、新幹線車両は側面のロゴマークなどを除き、ラッピングではなく塗装が原則だった。

また、列車のデザインは、前述の通り各自治体が定める屋外広告物条例の規制を受ける。「エヴァンゲリオン」のタイトルロゴを掲げたり、キャラクターの絵を配置したりすれば、「エヴァンゲリオン」という作品の広告物であると見なされる恐れが高かった。

屋外広告物条例は、市町村ごとに設けられており、それぞれ基準が異なる。大阪市や福岡市などは大きさに制限がなく許可申請を出せば良いが、神戸市は床面を除く表面積の3

分の1以下、姫路市は各面の5分の1以下といった大きさの制限があった。こうした規制をすべてクリアしたうえで、沿線のすべての自治体から許可を受けなくてはならなかった。

そこで、エヴァ新幹線はそのコンセプトをイラストではなくカラーリングで表現することとした。ただし、「エヴァンゲリオン」のデザインをそのまま再現してもいけない。列車全体が、作品の宣伝物と見なされる恐れがあるからだ。

こうした制約はあったが、やがてできあがった山下いくと氏のデザインラフは、さすが山下氏とも言うべき素晴らしいものだった。「エヴァンゲリオン」そのものはどこにも描かれていないが、パープルとグリーンを基調としたカラーリングは、碇シンジが搭乗するエヴァ初号機のイメージをしっかりと表現していた。

山下氏は、後に「500TYPE EVA」が発表された時、「エヴァ的カラーリングにするとともに（500系の）元のデザインを活かして未来からやってきた500系みたいにできたらいいなと」と、そのコンセプトを語っている。

このデザインラフがJR西日本に提示されると、その質の高さが評判となり、外観については先頭車だけでなく8両すべてを「エヴァ化」することが決定。「新幹線：エヴァンゲリオンプロジェクト」は、ここに初めて山陽新幹線全通40周年記念イベントとして本格的にスタートしたのである。

キャラクターやメカニックが前面に出なくても、コンセプトカラーのデザインで十分世界観を表現できる。「格好いい」と思ってもらえる新幹線のデザインを供給できる。そこには、2008年から取り組んでいた「RADIO EVA」の経験が活かされていた。

いよいよ本格スタートした「新幹線：エヴァンゲリオンプロジェクト」。JR西日本の正式プロジェクトとなったおかげで、企画はどんどん進行した。

エヴァ新幹線の種車となる500系V2編成は、2014年7月から1号車（博多方先頭車）の座席を撤去し、鉄道おもちゃのプラレールと子供向け模擬運転台を設置した「プラレールカー」として運行されていた。

エヴァ新幹線は、この空間を利用してエヴァンゲリオンの世界観を楽しめる展示ルームとすることになっていたが、単にキャラクターやストーリーが紹介されているだけではつまらない。プラレールカーに模擬運転台があったのだから、エヴァ新幹線には「エヴァンゲリオン」の実物大コックピットを装備しよう。それなら、コックピットに搭乗した乗客向けに、エヴァ新幹線が「使徒」（エヴァンゲリオンに登場する謎の敵）と闘うオリジナ

1号車に設置されたコックピット ©カラー

喫煙ルーム ©カラー

ル映像を制作しよう。

　JR山陽新幹線の周年記念イベントとなれば、予算も十分かけられる。それまでのイベントではなかなかできなかったアイデアが次々と提案され、実現していった。自由席として開放される2号車は「特別内装車」として「エヴァンゲリオン」の世界観でインテリアがまとめられた。喫煙ルームにも、一番タバコを吸いそうなキャラクターが配されたり、司令であり主人公碇シンジの父親である碇ゲンドウが一カ所だけ座っていたり……。

　こうして完成したエヴァ新幹線は、「500TYPE EVA」の名称が与えられ、2015年7月23日に正式に発表された。庵野監督も、山下いくと氏も納得のいくできばえで、発表にあたってはふたりからのコメントも発表された。

その場にいる人たちを作品世界に引き込む「鉄道」の強さ

　2015年11月7日、博多駅6時36分発の「こだま730号」を皮切りに、「500TYPE EVA」の運行が始まった。毎日博多駅を朝出発し、新大阪11時32分発の「こだ

山陽新幹線 新山口〜厚狭間を走る「500 TYPE EVA」　©カラー

ま741号」で折り返して博多に戻るダイヤが設定され、期間中は毎日決まった時間に運行された。

実際に走り始めた「500TYPE EVA」を見た神村氏も、感無量だった。姫路出身の神村氏は、運行期間中、帰省したり関西に出張したりするたびに、時間を合わせて「500TYPE EVA」に乗っていたという。

特に印象的だったと語るのは、駅に列車が入ってくる瞬間だ。

「ホームで待っていると、新幹線の形をした巨大な〝エヴァ〟が、ゆっくりと入って来るんです。その大きさ、存在感は、他の企画にはない迫力でした」

通常のコラボレーションであれば、「エヴァンゲリオン」の画像や立体物を街中で見てもそれほど驚かれることはない。だが、この企画はそうではない。新幹線のホームには、エヴァ新幹線を待っている人だけでなく、たまたまその列車に乗る人、見送りに来た人、反対方向のホームにいる人など、色々な人が行き交っている。そこへ、いきなり「巨大なエヴァンゲリオン」がやって来るのだ。

「特にエヴァに興味のない人も、ホームには大勢います。そうした人たちが、〝なんだこの電車は〟とびっくりしている様子が見て取れました」

そうかと思えば、子供たちはエヴァ新幹線を見れば大喜びだ。

「〝初号機だ！〟〝エヴァンゲリオン！〟と子供たちが指をさして言ってくれるんです。そうすると、その子供たちにとっては、『エヴァンゲリオン』という存在が形になり実在のものになります。それが本当に嬉しかったですね」

日常空間である駅に、「500TYPE EVA」が現れ、それを見た人たちが驚く。「エヴァンゲリオンだ」と言うことによって、あるいは耳にすることによって、「エヴァ」はその空間で現実の存在となる。「エヴァンゲリオン」ファンだから新幹線を見に行ったという人ばかりでなく、一般の人々を、「エヴァ」の世界に引き込む。新幹線とのコラボレーションには、そうした大きな力があった。

さまざまな課題も浮き彫りになる

　さまざまな人たちの努力によって、極めてクオリティの高い車両が完成し、おおいに賑わった「５００ＴＹＰＥ ＥＶＡ」だったが、アニメと鉄道のコラボならではの課題もあった。

　ひとつは、１号車の「コックピット体験コーナー」の利用方法のわかりにくさだ。「５００ＴＹＰＥ ＥＶＡ」は、定期列車として運行されるが、コックピット体験コーナーは完全予約制で、ウェブでの申し込みか旅行会社主催のツアーに参加する必要があった。ところが、申し込みにはＪＲ西日本のネット予約システムであるＪ－ＷＥＳＴ会員への入会が必要で、わかりにくくなってしまった。

　限定グッズが付くとは言え、３分ほどの体験のためにツアーに申しこむのもハードルが高かった。この結果、体験したくても予約できない人が続出したばかりか、当の体験コーナーは週末以外空いている、という状況が生まれてしまった。

　ＪＲは、国鉄時代からマルスシステムによる予約システムを構築してきたこともあり、ネット時代の臨機応変な予約サービスは不得意なところがある。加えて、実績のある旅行会社によるツアーのシステムを適用したために、利用者が戸惑ってしまった。

結局、空いている日には、現場の判断で展示・体験ルームを訪れた人に「今なら体験できますよ」とサジェッションが行われるようになったが、体験したくてもできないまま終わってしまった人もいたはずである。

もうひとつの課題は、商品展開が遅れたことだ。

グラウンドワークスは、ライセンサー（版権を許諾する側）として商品化のプロフェッショナルである。「エヴァ」とコラボした列車を走らせると決まった瞬間から、プラレールやNゲージ模型、雑貨やアパレルなど、幅広い商品展開を考える。さまざまな商品が世に出ることで、より多くの人に作品を知ってもらい、作品を好きになってもらうチャンスが広がるからだ。鉄道側から見ても、「500 TYPE EVA」の関連商品が売れれば、「一度乗ってみようか」という人も現れ、増収につながるだろうし、そもそも新幹線に親しみを覚えてもらうという大目的にも合致する。

「エヴァ新幹線」の商品化に際しては、「エヴァ」と「新幹線」というふたつのコンテンツの権利処理が必要だ。しかし、関連グッズを製作・販売したい業者が、いちいちグラウンドワークスとJRの両方に申請するのは煩雑だし、ライセンスフィーも二重にかかってしまう。このルール作りについて、グラウンドワークスには「エヴァ」シリーズを通じて豊富なノウハウと勝算があった。具体的には、申請窓口をグラウンドワークスに一本化し、1回申請すればグラウンドワークスからJR側の版権処理手続きも行われ、ライセンスフィーも標準的な額を設定して両者で折半するという手続きのワンストップ化が柱となる。

企画の進行と同時にメーカーへも商品化を提案し、運行初日には関連グッズが出揃い、出発式が行われる博多駅には、バラエティ豊かな商品が並んで「新幹線：エヴァンゲリオンプロジェクト」をおおいに盛り上げる……というのが、グラウンドワークスのイメージだった。

ところが、安全運行を第一とするJR側には商品化に対する意識が弱く、グラウンドワークスの間に立つ広告代理店はJRの方を向いていた。グラウンドワークスは早い段階からルール作りの必要性を伝えていたが、それがなかなかJR側に伝わらない。結局、直接JRと交渉することでようやく前進したが、すでに運行開始は数カ月後に迫り、運行開始時に間に合う関連商品は限られてしまった。

何よりも安全を優先する、ＪＲらしいエピソードもある。運行が始まった後、エヴァンゲリオンの公式ショップ「ＥＶＡＮＧＥＬＩＯＮ ＳＴＯＲＥ」が、写真コンテストを企画した。ユーザーに「５００ＴＹＰＥ ＥＶＡ」の写真を撮って、投稿することを呼びかけるという企画だ。多くのファンがネットに写真をアップすれば、それだけ多くの人に列車の姿が目にとまり、話題になる。

ところが、これにＪＲが待ったをかけた。写真コンテストを行うと、ホームで身を乗り出して写真を撮る人が出るかもしれない。ましてアニメ作品とのコラボとなれば、普段鉄道写真を撮り慣れていない人が、うっかり安全の一線を越えてしまうかもしれない。だから、新幹線の写真を撮ることを推奨するのはやめてほしい、ということだった。

アニメ作品がどれだけ盛り上がっても、商品化やイベントによって人が死ぬことはほとんどない。それに対して鉄道は、撮影に夢中になった人がちょっとホームから身を乗り出しただけで、大変な事故を招く恐れがある。ここは、アニメと鉄道の大きく異なるところだった。写真コンテストは、発表前に中止された。

関連商品の準備は遅れたものの、運行開始初日にはいくつかのグッズが揃った。博多駅の新幹線改札内にあるカフェは、期間限定の「５００ＴＹＰＥ ＥＶＡ Ｃａｆｅ」となり、運営するＪＲ西日本フードサービスネットの人々がエヴァ限定メニューを開発。博多駅の駅ビル、ＪＲ博多シティ内には特設の５００ＴＹＰＥ ＥＶＡ ＳＨＯＰが開設され、こちらもエヴァ関連グッズで埋め尽くされた。ギリギリにはなったが、博多駅全体で「５００ＴＹＰＥ ＥＶＡ」の出発を盛り上げる体制が整ったのだ。

だが、特設５００ＴＹＰＥ ＥＶＡ ＳＨＯＰは、新幹線乗り場から少し離れたところにあったので、新幹線の利用者には気付かれない可能性があった。そこで、エヴァストアはチラシを作り、新幹線改札付近で配布したいと申し出た。

ところが、これに代理店の担当者から待ったがかかる。ＪＲ博多シティはＪＲ九州の関連施設。エヴァンゲリオンストアの宣伝を新幹線改札内で行うことは、ＪＲ九州の宣伝をＪＲ西日本構内で行うことにあたり、事前協議が必要……というのだ。土壇場で、思わぬ形で国鉄分割民営化の弊害が出た形になってしまった。

もっとも、これは代理店担当者の勇み足だった。実際には、ＪＲ西日本の了解は取り付けてあり、チラシ配布に問題はなかったのだ。

同じようなことは、新大阪駅でも起きた。新大阪駅の新幹線関連施設はＪＲ東海の管轄なので、新幹線ホームの売店にも新幹線コンコースの土産物店にも、エヴァ新幹線の関連グッズはひとつも置かれず「500TYPE EVA」の告知は一切されなかった。グラウンドワークスからコンコース内の店舗にエヴァグッズの取り扱いを働きかけたものの実現できず、新大阪駅でのエヴァ新幹線告知とグッズ販売は在来線エリアでのみ行われるという状況となった。

新幹線の存在感が「エヴァ」の世界観とシンクロ

運行を開始した「500TYPE EVA」は、関係者の期待通り、世間の注目を浴びた。当初は2017年3月までだった運行期間は1年あまり延長され、2018年5月まで運行。出遅れた関連商品も、運行が開始されてから順調に増えていった。

惜しまれながらエヴァ新幹線としての運行を終えたV2編成は、その後再び改造されて、2018年6月30日からは「ハローキティ新幹線」に生まれ変わった。サンリオの人気キャラクター、ハローキティとコラボレーションしたもので、運行開始と同時に12種類のオリジナルグッズが発売されるなど、「500TYPE EVA」でグラウンドワークス

が構築したビジネスモデルが活かされている。神村氏は、

「グッズの充実が遅れてしまったことは残念でしたが、キャラクターコンテンツの大御所である『キティ先輩』に道を譲れたことはとても嬉しい」

と語っている。

運行終了後にアニメ「新幹線変形ロボ シンカリオン」とのコラボが実現するなど、「５００ＴＹＰＥ ＥＶＡ」は全体として大きな成功を収めた。

自らも、鉄道には親しみを覚えるという神村氏は、鉄道の魅力について

「それ自体にガジェットとしての面白さがあります。５００ＴＹＰＥ ＥＶＡにも圧倒的な存在感がありました」と語る。

「電車は巨大で超越的な存在ですが、誰もが見たこと触ったこと、乗ったことがあります。いつも身近にあるのに、個人では手が届かない。そこに、憧れが詰まっていると思います」

鉄道車両、特に新幹線は、人々の生活の中に存在する身近な巨大メカだ。身近なのに、非現実的。その特異な存在感が「エヴァンゲリオン」の世界観とシンクロし、「エヴァンゲリオン」を現実化した。鉄道というガジェットの魅力が引き出され、作品世界も拡げたコラボレーションだった。

第6章

アニメ・コンテンツツーリズムと鉄道

昭和20年代から存在したコンテンツツーリズム

ここまで、アニメーションと鉄道の関係性について、アニメ・漫画クリエイター、アニメとのコラボレーションを仕掛ける鉄道会社、鉄道会社とコラボレーションを行う版権管理会社と、さまざまなケースを見てきた。

もうひとつ、アニメと鉄道を結びつける大きなコンテンツが、「聖地巡礼」である。アニメにおける「聖地巡礼」とは、ファンが作品の舞台になった地域を訪れ、作品世界を疑似体験して楽しむこと。「コンテンツツーリズム」ともいい、ドラマや映画では昔からある楽しみ方だ。

古くは、1952（昭和27）年放送のラジオドラマ「君の名は」で数寄屋橋が今で言う「聖地」となったし、NHK連続テレビ小説（朝ドラ）では、宮崎に新婚旅行ブームを起こした「たまゆら」（1965年）以来、ロケ地で観光キャンペーンが行われるのが定番となった。2013年の「あまちゃん」ブームによる三陸地方の盛況は記憶に新しい。

1980年代から90年代にかけては、倉本聰原作のドラマ「北の国から」が富良野ブームを巻き起こし、２０００年代の韓流ブームでは、女性を中心に韓国のロケ地を訪れる観光客が激増した。

映画やドラマなどのファンは、その作品に格別の思い入れがある。コンテンツツーリズムを楽しむ人にとって、ロケ地は単なる観光地ではなく、大好きな人々が物語を紡いだ特別な場所だ。そのため、同じ場所を何度も訪れたり、関連商品を積極的に購入したりと、短期的な経済効果が高い。一方で、放送終了などによって作品が過去のものとなると、需要は一気に冷え込む。中長期にわたって集客力を維持するのが難しいというのも、コンテンツツーリズムの特徴だ。

「究極超人あ～る」30年経過した今も多くの人を集める

さて、アニメ作品がコンテンツツーリズム、つまり「聖地巡礼」の対象となったのは、いつ頃からだろう。諸説あるが、パイオニアのひとつとして、１９９１年に発売された「究極超人あ～る」ＯＶＡが挙げられる。この作品では、豊橋と辰野を結ぶＪＲ飯田線と、その途中駅である田切駅がファンの「聖地」になった。

「究極超人あ～る」は、ゆうきまさみ原作の漫画だ。週刊少年サンデーで1985（昭和60）年から87（昭和62）年まで連載された。東京都練馬区にある架空の学校、私立春風高等学校光画部（写真部）を舞台に、一癖も二癖もある生徒・OBたちと、世界征服を企む（と称する）科学者が作り上げたアンドロイド、「R・田中一郎」がさまざまな出来事を巻き起こす学園漫画。テレビアニメ化はされなかったものの、連載終了後の1991年10月に販売・レンタル用のOVA（オリジナル・ビデオ・アニメーション）が発売された。

OVA版「究極超人あ～る」は、春風高校光画部が「大撮影旅行」に出かけるエピソードだ。ライバルである西園寺まりいの策略によって、「時間内にゴールすれば旅費無料」をうたうスタンプツアーに挑戦する。この作品では、1時間13分にわたるほぼ全編にわたり、JRなどを利用する鉄道旅が描かれた。制作にあたっては詳細なロケハンが行われ、沿線の実景や駅の構造、119系電車などを正確に再現。声優たちがロケ地を実写で訪ねる「番外編」も制作されている。

アニメに描かれる風景が、すべて実在の鉄道と駅である。これはファンにとって新鮮な驚きだった。

実在の土地を忠実に表現したアニメ作品には、すでに高畑勲の「おもひでぽろぽろ」などがあったが、高畑作品には「実写映画を敢えてアニメにしている」感があった。学園SFものというアニメらしいテーマの作品で詳細なロケハンが行われ、実際の風景が再現されたのは画期的なことだった。

加えて、OVA版「究極超人あ～る」はファンにとって待望のアニメだった。「番外編」によってロケ地が詳細に紹介されたこともあり、飯田線は「究極超人あ～る」ファンの聖地となったのである。特に、物語のカギとなった田切駅は、OVA発売直後から多くのファンが訪れた。田切駅の待合室には寄せ書きノートが置かれ、定期的に清掃に訪れるファン有志も現れた。

OVAでは、ツアー代が無料になるタイムリミットの18時までにゴールの伊那市駅に着けないと気付いた主人公たちが、田切駅からR・田中一郎の自転車「轟天号《ごうてんごう》」でゴールを目指す。2012年には、このシーンを再現し、田切駅から伊那市駅までを自転車で走りきるイベント「轟天号を追いかけて」が伊那市観光課も協力する形で開催され、毎年恒例のイベントとして定着した。2018年には、地元有志の発案で、田切駅前に「アニメ聖地巡礼発祥の地」碑が設置。OVA発売当時のファンから、その頃はまだ生まれていなかった若いファンまで、多くのファンを集めている。119系電車は引退したが、飯田線沿線の風景と田切駅は、OVA当時のままだ。ファンの人々は、飯田線に乗って、今も「春風高校光画部の大撮影旅行」を楽しんでいる。

「らき☆すた」小さな町に自然発生したアニメ聖地巡礼ブームのパイオニア

「アニメ聖地巡礼」という言葉が市民権を得たのは、2007年4月に放送が始まった「らき☆すた」がきっかけだ。

「らき☆すた」は、美水かがみ原作の、女子高生4人が主人公の4コマ漫画を原作とするアニメーションだ。京都アニメーションが「涼宮ハルヒの憂鬱」の後に手がけた作品である。高校生の日常を描いた作品で特に大きな事件は起きないが、「日常あるあるネタ」や豊富なパロディ、一度見たら忘れられないオープニングなど、さまざまな要素によって「ハルヒ」に続いて人気作となった。

「らき☆すた」オープニングより　©美水かがみ/らっきー☆ぱらだいす

それまで京都アニメーションは、実際の風景を取り入れつつも特定の舞台を設定してこなかったが、「らき☆すた」では埼玉県春日部市周辺を舞台のモデルに設定する。「糟日部」「糖武鉄道」など当て字を使いつつ、実在の街並みをアニメに再現した。

主人公グループの柊かがみ・つかさ姉妹は神社の宮司の娘という設定で、オープニングに神社が登場する。この神社が、埼玉県鷲宮町（現・久喜市）の鷲宮神社に似ていると言われ、放送開始直後からファンが自然発生的に鷲宮神社を訪れ始めた。

最初のうちはたいした人数ではなかったが、7月10日に発売されたアニメ雑誌「Ｎｅｗｔｙｐｅ８月号」の付録に「らき☆すた的遠足のしおり」がついた頃から、鷲宮を訪れるファンが急増する。夏休みに入った7月下旬には、新聞にも取り上げられるほどのにぎわいとなった。絵馬の奉納場所には「らき☆すた」などのイラストを描いた絵馬があふれ、神社周辺では登場人物のコスプレをしてシーンを再現する者も現れた。

突然大挙してやってきたアニメファンに驚いた地元商工会は、調査に乗り出した。ファンの行動を観察したり、話しかけたりしてみたが、問題のある行動をする者はいない。それどころか、地域の人々に礼儀正しく接し、神社周辺の店舗や飲食店に立ち寄っては積極的にお金を使ってくれる。

まもなく、鷲宮町は積極的に「らき☆すた」ファンを受け入れ町おこしに活用する方針を決めた。放送終了後には版権をもつ角川書店（現・ＫＡＤＯＫＡＷＡ）とも連携し、数千人を集める数々のイベントを行うようになっていく。自然発生的に生まれた「聖地巡礼」は、作品ファンと地元の人々の間に手作りの連帯感を生み、一種の社会現象となった。

町の人々に受け入れられたアニメファン

「らき☆すた」ファンを見物しに来る人も増え、翌２００８年の鷲宮神社の初詣参拝者数は例年の3倍以上となる30万人を記録した。

茨城県ひたちなか市の黒木聡さんも、初詣で初めて鷲宮神社を訪れた「らき☆すた」ファンのひとりだ。

黒木さんは、当時33歳の鉄道&アニメファン。子供の頃から、ガンダムなど男の子向けの作品だけでなく、可愛い女の子が出てくる少女漫画を好んで見た。「月刊りぼん」が好きで、「ちびまる子ちゃん」が連載していた頃には、舞台となった静岡県清水市（現・静岡市清水区）を訪ねてみたこともあった。

一時期離れていたアニメ熱が復活したきっかけは、1995年放送の「新世紀エヴァンゲリオン」だ。もっとも、どちらかと言えば「あずまんが大王」のような、女子高生の日常を描いた「日常もの」が好き。同じ系統の「らき☆すた」もファンになり、初詣に鷲宮神社を訪れたのは、自然な流れだった。

「初めて鷲宮を訪れた時は驚きました。地元の人が作品をよく理解してくれていて、一緒に盛り上がっている雰囲気が新鮮でした」

鷲宮神社まで来ると、たまたま「柊かがみ」のコスプレをしている男性と知り合った。「黒木さんも、コスプレやってみたら？」と誘われて、二度目に訪れた時に、思い切って妹の「柊つかさ」のコスプレに挑戦した。

「恥をさらして挑戦したのですが、思いのほか多くの人からちやほやされて。それではまってしまいました」

少し前なら、三十代男性が女子高生キャラのコスプレをするなんて、アニメファン向けのイベントでしか考えられなかった。だが、鷲宮ではアニメファンはもちろん、地域の人々も一緒に盛り上がってくれた。黒木さんにとって、初めての体験だった。

2019年の八坂祭でらき☆すた神輿を担ぐファン有志

「町を歩いている普通の人が、『おお、つかさだ』『つかさ、ビール飲んでいきなよ！』と、声をかけてくれました。神社の関係者の方にご馳走されたこともありました。皆さん、すごくよくしてくださったんです」

地域の人々と交流が生まれた黒木さんは、その年の9月から、毎年行われる鷲宮神社の祭礼「土師祭《はじさい》」で、他のファン有志とともに「らき☆すた神輿」を担ぐようになった。「らき☆すた神輿」は10年以上続いて鷲宮に定着し、土師祭が事情によって中止となってからは、7月に開催される八坂祭で行われている。

2019年7月、京都アニメーションで不幸な事件が起きた直後の八坂祭には、京都にファンの思いを届けようとそれまでで最大級のファン有志が集まった。黒木さんは、これからも年に一度、らき☆すた神輿を担ぎに来るつもりだ。

盛り上がりの鍵は交流の場があったこと

鷲宮が、「らき☆すた」の聖地としてこれほど盛り上がった理由はどこにあったのか。もちろん、作品の質が高かったことが第一だ。だが、それと同じくらい、「そこが神社だった」ことが大きかった。

京都アニメーションの「涼宮ハルヒの憂鬱」でも、兵庫県西宮市周辺が舞台になったと言われ、現地には多くのファンが訪れた。しかし、こちらは町おこしの原動力となるようなムーブメントにはなっていない。最大の舞台が実在する学校で、自由に立ち入れなかったからだ。甲陽園駅など周辺の町も描かれたが、アニメと同じアングルで写真を撮り周囲を散策したら、あとは帰るしかなかった。

鷲宮神社は、とてもわかりやすいランドマークだ。参拝という形でファンが自由に、そして緩やかに集うことができた。絵馬を通じて作品への思いを描き残すこともできたし、神社前には古民家を整備した茶屋があるなど、地元の人と接する機会を作りやすかった。当時の鷲宮町は人口3万6000人。小回りの利く小規模な自治体で、作品とファンへの理解が進むスピードも速かった。

鷲宮神社を中心として、ファン同士の横のつながりと、ファンと地域の人々の交流が、目の行き届く範囲で同時に発生。相互理解が急速に進んだのである。

色眼鏡で見られ続けた経験が良い方向に活きる

比較的早い段階から鷲宮神社の賑わいが報じられ、訪れるファンが「世間から見られている」という意識をもったことも大きい。アニメファンは、世間から色眼鏡で見られているという意識が絶えずあった。「らき☆すた」以前、「アニメ聖地巡礼」が注目されはじめたごく初期には、観光地ではない一般の施設を撮影したために、地域の人とトラブルになるという事例もあった。一方で、「ガンダム」、「エヴァンゲリオン」、「涼宮ハルヒ」といった高品質な作品を通じて、アニメファンの層は社会人まで広がっていた。社会経験を十分に積んだファンが増え、「作品や一般の人々に迷惑をかけてはいけない」という意識が浸透していた。当初ネット上では、「キモヲタが神社に殺到して住民を不安のどん底に」といった揶揄するような書き込みも目立ち、ファンは苦々しく思っていた。そこへ、地元の人々が恐る恐る、あるいは興味津々に話しかけてくる。自分たちアニメファンを理解してもらうチャンスだと、無意識のうちに考えた。

鷲宮神社には今も多くのアニメ絵馬が

　版権を管理する角川書店（現・KADOKAWA）側にも、当時はアニメ作品を通じた地域連携の経験が少なかった。最初のうちは版権使用料を取るのではなく販売促進活動の一環として対応し、これが結果的に「企画が面白ければ何でもできる」「作り手とファン、地域が一体になって楽しんでいる」状況を作り出した。

今も続く、鷲宮の「らき☆すた」ムーブメントは、こうした要因が重なり合って発生したものだった。

「けいおん!」&「きらら×きららプロジェクト」偶然の一致が息の長いコラボに

「らき☆すた」のブームがようやく落ち着いてきた2009年4月。京都府を走る京阪グループの私鉄、叡山電鉄の社員たちは、本社に隣接する修学院駅に、若い男性が集まっていることに気付いた。皆、上り出町柳方面の改札や踏切の標識を写真に撮っている。社内で話題になり、すぐにアニメファンであることがわかった。同年春TBS系列で始まった京都アニメーション制作の「けいおん!」に、修学院駅そっくりな駅が登場するのだ。

修学院駅

写真を撮りに来るのは、「けいおん!」のファンに違いなかった。

当時、叡山電鉄営業課でPRなどを担当していた泉水晃氏は、訪れる人々に声をかけてみた。多くの人が、手作りのマップを持っている。インターネットの地図サービスなどを使い、各シーンのロケ地を特定した有志が作成した自作マップで、ファンはそれを持って「聖地」をまわっていた。

もしかしたら、作品と正式にコラボレーションをして、新しいことができるかもしれない。泉水氏はそう考えたが、前例のないことだったので、取引のある企業に協力してもらい、「けいおん!」の原作を刊行している芳文社に最初のコンタクトをした。

大評判となった「けいおん!!×えいでん!! 楽器型特別乗車券」

今でこそ、アニメ作品を制作する時に、舞台のモデルとなる自治体や企業から事前に許諾を得るのは当たり前だ。しかし、２００９年の時点ではそうではなかった。作品の世界観に合った実在の風景を「参考」にはしても、アニメに描かれるのはあくまでも架空の町であり、組織だった。

「けいおん！」では、確かに叡山電鉄の修学院駅周辺によく似た風景が描かれている。しかし、主人公たちが通う高校は、北東に40㎞あまり離れたところにある滋賀県の旧豊郷小学校がモデルと言われ、修学院駅周辺が舞台というわけではなかった。主要なキャラクターは全員標準語を話すなど、関西地方を前提とした作品でもない。叡山電鉄としても、作品の世界観を守るためにも特定の舞台を名乗るわけにはいかない。

一方で、一般的に言って知名度のある鉄道会社が作品を応援すること自体は、鉄道と作品、両者にとってプラスになる。例えば、２０１０年7月、第2シリーズ「けいおん!!」の放送開始を記念する記念切符が発売され、用意された２０００セットはすぐに完売するなど話題になった。

２０１１年に入ると、松竹配給による「映画けいおん！」の制作が決まった。６月12日からは、叡山電鉄に「映画けいおん！」仕様のヘッドマークをつけた特別仕様電車が走りはじめ、準備を進めてきた「けいおん‼×えいでん‼楽器型特別乗車券２０１１年初夏」が発売された。早朝６時から、始発駅の出町柳駅で販売された６０００セットは、わずか２時間半で完売した。

８月11日には、京阪電鉄の、滋賀県内を走る石山坂本線で「映画けいおん！」をＰＲする「放課後ティータイムトレイン」も運行され、「映画けいおん！」は大いに盛り上がったのである。

偶然の一致がコラボレーションのヒントに

叡山電鉄は、同年の９月１日から「映画けいおん！」ヘッドマークを増やし、ラッピングトレインの運行も開始した。

天井近くまで窓が配置され眺望抜群ながら、乗車券だけで乗れる「きらら」

続いて、叡山電鉄が仕掛けたのが、「けいおん!」の原作漫画を刊行している芳文社とのコラボレーションだった。

叡山電鉄では、大型の窓と、窓側を向いた展望席を備えた観光電車900系「きらら」を運行している。これが、「けいおん!」の掲載誌である萌え系4コマ漫画雑誌「まんがタイムきらら」と、名前が同じという縁があった。

「この縁を活かして、何かやりましょう」。そんな、編集者との雑談から生まれた企画が、まんが・アニメコラボレーション企画「きらら×きららプロジェクト」だ。これは、舞台の場所にこだわらず、「まんがタイムきらら」からアニメ化された作品とコラボレーションを行うというもの。２０１２年9月20日から、「ひだまりスケッチ」とコラボした「ひだまり号」が運行され、その後も「劇場版魔法少女まどか☆マギカ」、「ご注文はうさぎですか？」、「ハナヤマタ」など、数々の作品とコラボレーションを行っていった。

「けいおん！」に比べれば、静かなコラボレーションだったが、叡山電鉄に行けばラッピングトレインが走り、記念きっぷなどの限定グッズがあるというのは、ファンから見れば嬉しい。継続して行うことで、「叡山電車はアニメファンをわかってくれている」という信頼が生まれる。アニメ目当てで来た人も、「せっかく来たのだから」と「きらら」をはじめとする電車に乗ってくれるし、比叡山や鞍馬など周辺を観光もしてくれる。アニメファン以外の人にも「叡山電車さんがコラボしているのだから、一度見てみようか」と思う人が出てくる。叡山電鉄とアニメ作品、双方に着実な宣伝効果があった。

手作り感がファンを喜ばせる

比較的小規模なコラボだからこその良さもある。ヘッドマークやラッピングは、通常デザイナーがデザインするが、提供されたイラストをもとに叡山電鉄の担当者が自らイメージを提案することもある。それが、叡山電鉄らしいコラボにつながり、ファンに喜ばれている面もある。

作品側から見れば、公共性の高い鉄道会社とのコラボは社会からの信頼を得やすいうえ、コストパフォーマンスが高い。叡山電鉄は２路線14・４㎞と比較的小規模な鉄道だが、知名度は抜群に高く、話題にされやすいのだ。観光路線としてテレビ番組に取り上げられた際に、ラッピングトレインが映り込んでＳＮＳで話題になるといった効果もあった。

「最初に始めた時、芳文社の方と波長が合ったのが良かったと思います。お互いに人事異動で担当が変わっても、しっかりと引き継いで長く続けることができました」（泉水氏）

「きらら×きららプロジェクト」は２０２１年で10周年を迎える息の長いコラボになった。最近では、「ゆるゆり」など、芳文社以外のアニメとのコラボも行われている。

「花咲くいろは」現実の鉄道に現れたアニメの中の駅

「らき☆すた」や「けいおん！」の聖地巡礼ブームを経て2010年代に入ると、制作会社が自治体や企業に正式に協力を要請する作品が増えた。それでも、「モデルはあるが架空の町」とするのが普通だった。

4章でも紹介した、秩父を舞台とする「あの日見た花の名前を僕達はまだ知らない。」も、そうしたアプローチの作品だ。「あの花」の舞台が秩父になったのは、脚本の岡田麿里氏が秩父出身だったからである。主人公の「じんたん」に自分の経験を投影した岡田氏は、舞台を実際の秩父とされることに抵抗を感じていた（『学校へ行けなかった私が「あの花」「ここさけ」を書くまで』岡田麿里著、文藝春秋）。制作側が、秩父アニメツーリズム実行委員会に放送が終わるまで、舞台が秩父であることは公式には言わないよう申し入れていたのは、商業主義によって作品性が損なわれることを避けるという意図のほかに、岡田氏への配慮もあった。

「あの花」の放送がスタートしたのと同じ2011年4月、独立U局系で、「花咲くいろは」の放送が始まった。母親に夜逃げすると告げられた女子高校生・松前緒花が、祖母のいる石川県の架空の温泉地・湯乃鷺温泉に身を寄せ、老舗旅館の喜翠荘で修行を重ね成長していく物語だ。

この作品では、鉄道からのアプローチによって「聖地」が生まれた。「花咲くいろは」には、能登半島を走る第3セクターのと鉄道と、同線の西岸駅をモデルとした「湯乃鷺駅」が登場する。主要な舞台となる湯乃鷺温泉は、西岸駅から南へ70kmあまり離れた湯涌温泉がモデルだ。

制作を担当したP．A．WORKSは、富山県南砺市に本社を置く映像制作会社で、北陸を舞台にした作品を数多く手がけている。制作にあたっては、2010年6月頃に、P．A．WORKSと石川県商工労働部から、のと鉄道や湯涌温泉観光協会などに正式な協力要請が行われた。

放送が始まったのは、春休み期間中の4月3日。すでに前年、プロモーションビデオが公開された時から、西岸駅をモデルにした駅が登場することは明らかになっていた。放送開始前の3月には早くも西岸駅を訪れるファンが現れ、西岸駅の駅ノートには、「聖地巡礼に来ました」というメッセージが次々と書き込まれていった。

鉄道会社社員のアイデアに制作会社が協力

放送が始まると、土日を中心にさらにファンの数は増えていった。それを見た社員から、「西岸駅に、アニメと同じ湯乃鷺駅の駅名標を設置する」というアイデアが出る。通常の西岸駅の駅名標も引き続き設置されるので利用者が間違える恐れは少なく、法的にも問題がない。当時のP．A．WORKSには、地元・北陸地方に根ざした作品を作っていこうという方針があり、のと鉄道が作品の舞台として注目を浴びることは、歓迎すべきことだった。

放送開始からわずか4週間後の4月29日、西岸駅上りホームに「湯乃鷺駅」の駅名標が設置され、お披露目式が開催された。駅名標は、ラッピング列車などと同じく、アルミ板にインクジェット出力したフィルムを貼り付けた。告知はツイッターや公式ブログで行われ、首都圏から遠く離れた駅にもかかわらず、現地には300人近いファンが集まった。

「湯乃鷺駅」駅名標は、錆や文字のにじみなど、「汚し」までアニメと同様に施され、のと鉄道の新たな名所となった。夏休み期間中には、P．A．WORKSの協力を得て出演声優による車内アナウンスも実現。夏休み期間から放送が終了する9月末までののと鉄道利用者は、対前年同期比で1万人もの増加となった。

「湯乃鷺駅」の駅名標は、当初番組終了後半年程度で撤去される予定だったが、作品人気が想定を上まわったことから期間を延長。劇場版の制作が決定した2012年には下りホームにも設置され、その後も何度か新しいものに交換されて、西岸駅の名物としてすっかり定着している。

2012年3月には、劇場版の制作決定を記念したラッピング列車も運行を開始した。石川県では原則として車両へのラッピング広告が禁止されているが、地域振興と誘客促進といった公共性を有するとして、七尾市の協力を得て実現したものだ。これまでに3両が「花いろ」でラッピングされ、2020年11月現在も2両が運用中だ。

「花咲くいろは」は、のと鉄道だけでなく、湯乃鷺温泉のモデルとなった石川県湯涌温泉も聖地となった。作品中に描かれた架空の神事「ぼんぼり祭り」は、2011年に現実の「湯涌ぼんぼり祭り」として実現、1万人近い人が集まり、湯涌温泉の定例行事となるなど、こちらも現実世界に影響を及ぼしている。

西岸駅に設置された湯乃鷺駅の駅名標

のと鉄道の花咲くいろはラッピング列車（2012年撮影）

「ガールズ&パンツァー」ハイクオリティな作品と地域の人の熱意が実を結ぶ

「花咲くいろは」の放送が終了し、湯涌温泉で初の「湯涌ぼんぼり祭り」が開催されていた2011年10月。とある新しいアニメ作品のプロデューサーたちが、茨城県大洗町を訪れた。1年後に放送が始まる新しいアニメ作品の協力を、町の人に要請するためだ。

その作品の名前は、「ガールズ&パンツァー」、通称「ガルパン」。

「ガルパン」は、競技としての模擬戦車戦が「戦車道」と呼ばれ、茶道や華道などと並ぶ乙女のたしなみとされた世界の物語だ。「西住流戦車道」家元の娘でありながら、自分の進むべき道を見失っていた主人公・西住みほが、戦車道では無名の大洗女子学園を率いて全国大会に出場し、全国の強豪と戦いながら自らを取り戻してく。

女子高校生とミリタリーという、男性アニメファンのツボをついた設定ながら、戦車についての高度かつ正確な考証と描写、スポーツものの王道を行くストーリー、現実そっくりに再現された大洗の町で繰り広げられる模擬戦車戦など、さまざまな要素が幅広いファンの心をつかんだ。

2012年10月から翌年3月まで、独立U局系で放送されたこの作品は、茨城県大洗町と商工会が制作段階から協力。放送開始直後の「大洗あんこう祭り」をはじめ、数々の催しで「ガルパン」関連イベントが開催された。本編中には一部の店舗や施設が実名で登場したほか、町中の商店や施設にキャラクターの等身大パネルが設置されるなど、町の有志によってファンを受け入れる体制が整えられた。

ガールズ＆パンツァー
©GIRLS und PANZER Projekt
TV&OVA 5.1ch Blu-ray Disc BOX／バンダイナムコアーツ

「建物を壊すため」の地元アプローチ

「ガルパン」は、女子高校生たちが第二次世界大戦期の戦車に乗って模擬戦を行うという、荒唐無稽な物語だ。そのうえ、舞台も完全に架空の設定にしたのでは、作品としてのリアリティが失われてしまう。そこで、舞台は現実の町をモデルとすることとし、東京から近くて大型の港湾設備があり、ランドマークとなる施設や女子高校生が遊ぶ場所もある町として、大洗が選ばれた。

「ガルパン」の世界では、戦車戦は模擬戦のため死傷者が出ることはないが、建物は壊れる。実在の町を舞台にするということは、作中で実在の建物が壊されることもあるということだ。それを実現するには、地元の理解と協力が不可欠だ。早い段階での協力要請には、そうした事情があった。

大洗商工会長の紹介で、大洗側の窓口となったのは、産直市場である大洗まいわい市場を運営するＯａｒａｉクリエイティブ・マネジメントの代表、常盤良彦氏だ。常盤氏自身は、それまでアニメはほとんど視聴したことがなかったが、ロケハンなどで大洗の人をつなぐ

戦車が突っ込んだのは実在の旅館（第4話）

大洗駅の広告看板やレンタサイクルも再現（第7話）

経験は豊富だった。

年が明けて2012年となり、「ガルパン」制作のための本格的なロケハンが始まった。常盤氏らは制作スタッフの希望に応じて、大洗マリンタワーや商店街、茨城交通、あるいは町役場や県庁などと交渉し、許諾を受ける活動をしていった。

その中に、鹿島臨海鉄道もあった。

何度も熱意を伝えてコラボレーションが実現

大洗を経由する第三セクター、鹿島臨海鉄道大洗鹿島線は、茨城県の水戸駅と鹿島サッカースタジアム駅を結び、JR鹿島神宮駅に乗り入れる全長53・0㎞の路線だ。鹿島臨海鉄道は、設立以来成田空港への燃料輸送や鹿島臨海工業地帯への物資輸送を目的とする貨物線、鹿島臨港線を運行していたが、国鉄鹿島線として日本鉄道建設公団が建設してきた路線の運営を引き受け、1985（昭和60）年に大洗鹿島線が開業した。

「ガルパン」には、大洗のランドマークとして大洗駅が登場するほか、主人公たちが6000形気動車に乗るシーンもある。常盤氏は、それらのシーンを描く許諾と、作画のための撮影取材の許可を得るために鹿島臨海鉄道と交渉を重ねた。鹿島臨海鉄道にとって、アニメ作品とのコラボレーションは前例のないことだったが、作品の素晴らしさを繰り返し説明し、ついに許諾を得ることができた。

手応えを感じ始めた常盤氏らは、「鹿島臨海鉄道の列車や、茨城交通のバスにガルパンのラッピングをできたら面白いね」と話し始める。

ラッピングトレイン＆バスの話は以前からあったが、車両のフルラッピングには高額なコストがかかり、現実的ではなかった。そのため、最初は冗談半分で話していたことだったが、なんとか実現できないかと模索を始める。すると、ラッピングフィルムは関係者のつてで、住友スリーエム（現・スリーエムジャパン）から提供してもらえることになった。

残る問題は、イラストを印刷したラッピングフィルムの貼り込み作業だ。これは、常盤氏が経営するとんかつ店の常連客と、全く飛び込みで協力を依頼した茨城大学漫画研究会のメンバーが参加して、10人ほどのボランティアで行うことになった。

ところが、いざフィルムを車体に貼ろうとすると、どうにもうまくいかない。大型のフィルムを貼るには、専門の技術が必要なのだ。

「これでは絶対に間に合わない！　と焦っていると、まるでヒーローが現れるかのようにデザインと印刷を担当してくれたフィールデザインの技術者の方がヘルプに来てくださったんです」（常盤氏）

こうして、作業は次の日の深夜まで及んだものの、手作りの「ガルパンラッピング列車」と「ガルパンラッピングバス」が完成した。

「ガールズ＆パンツァー」は、２０１２年10月8日深夜から、ＴＯＫＹＯ ＭＸを皮切りに放送が始まった。当初から作画の作り込みと独特のストーリーから人気に火が付き、中でも第４話の大洗市街戦は大きな話題となった。

作品の力を地域の人々に魅せた「大洗あんこう祭」

「最初のうちは、大洗の町をアニメで盛り上げていこうというよりは、商工会が熱心だから協力してあげようという雰囲気でした」

そう語るのは、鹿島臨海鉄道で関連商品やＰＲを担当する小松崎明企画課長だ。

「でも、あんこう祭から社内の空気がガラッと変わりました」

２０１２年11月18日に開催された第16回大洗あんこう祭。大洗駅では、朝10時からラッピングトレイン「ガルパン列車」のお披露目式が行われた。主人公・西住みほ役の声優、渕上舞さんが、ホームでラッピングトレインに最後のフィルムを貼り、サインをするというイベントだ。「ガールズ＆パンツァー記念乗車券」を購入すればホームに入場できるとされたが、

「1000人近いファンの方が集まったんです。大洗駅に、一度にそれほど多くの人が集まったことはありませんでした」（小松崎氏）

急遽、記念乗車券発売時に整理券が配布され、ホームに入場できるファンは150人に限定されたが、混乱はなかった。

午後には、大洗マリンタワー前の主会場で出演声優によるトークショーが行われた。会場周辺では水戸の老舗和菓子店、亀印製菓が作った「ガルパンスイートポテト」「ガルパンみるくせんべい」が飛ぶように売れる一方、想定以上に人が集まることによるトラブルは皆無だった。

この年の「大洗あんこう祭」の来場者は、前年の2倍となる6万人を記録。大洗の人々に「ガルパン」という作品がもつパワーを見せる、最初の機会となったのである。

ガルパン列車が町の「広報大使」的存在に

「大洗あんこう祭」の翌週、11月26日深夜に放送された7話では、主人公たちが鹿島臨海鉄道の列車に乗車するシーンが描かれ、6000形気動車と大洗駅などが登場。鹿島臨海鉄道も「ガルパン」の舞台のひとつになった。
「その頃には、企画課のスタッフが中心になって、色々な企画を提案するようになりました」(小松崎氏)
そのひとつが、ガルパン入場券だ。大洗駅では、昔ながらの硬い紙を使った硬券入場券を販売している。その入場券に、キャラクターの顔が描かれたスタンプ3種類を曜日替わりで押すようにしたところ人気が爆発。通常、一カ月の販売数は数十枚だったが、多い時には数千枚が売れた。170円(当時)と安価で、「大洗」の地名と日付、そしてキャラクターのスタンプが入るとあって、大洗訪問の手軽な記念になる。人に頼まれてまとめ買いする人や、好きなキャラクターに設定された誕生日に購入するファンも多かった。
「ファンの方々にとても喜んでいただけて、うちもどんどんやろうということになりました。2019年には、その月に誕生日を迎えるキャラクターのスタンプを月替わりで50種類以上用意したり、各戦車チームのエンブレムのスタンプを作ったりと、色々なことをやりました」(小松崎氏)
最終回で主人公たち県立大洗女子学園が全国大会優勝を果たすと、駅改札口に「祝 全

ガルパン列車のダイヤはホームページで公開されている

国大会優勝　県立大洗女子学園」と書かれた横断幕が掲出されたのも、社員のアイデアだ。その頃には、大洗の人々に「ガルパン」はすっかり浸透しており、実在しない学校の横断幕に違和感を覚える人はいなかった。

ガルパン列車も、鹿島臨海鉄道に定着した。テレビ放送終了後の2013年11月には2号車が登場。さらに2015年11月には劇場版の公開に先立ち3号車が、2017年12月には、全面塗装工事のために運行を終了していた1号車を新デザインでラッピングしたⅣ号車が運行を開始した。

3号車からは町内からスポ

ンサーを募り、Ⅳ号車は協賛金付きの記念乗車券を発売した。車体には、「大洗で待ってる」「大洗へ行こう!」の文字。ガルパン列車は、アニメ作品の宣伝媒体を離れ、町全体で作る大洗の広報大使のような存在になっていった。

手作りイベントを通じてファンと住民の交流が進む

町の人々にも、「大洗あんこう祭」のあたりから「ガルパン」は浸透していった。大洗駅の観光案内所、「インフォメーション・コーナー」でボランティアを務めていた石田久枝さんが、駅に集まる若い人たちに気付いたのもその頃だ。朝から売店前に列を作り、何かを買っている。試しに並んで同じものを買ってみたら、美少女が描かれたクリアファイルだった。

「お兄さん、これはなに?」

男性に訊いてみた。

「おばちゃん、知らないで買ったの? これはね、ガルパンっていう大洗を舞台にしたア

江戸時代から続く江口又新堂にもファンが集う

「街なかかくれんぼ」の等身大パネルがファンと住民とを近づけた

ニメなんですよ」

試しにテレビを見てみると、よく知る風景が出てきて面白い。周囲にも、「ガルパンって面白いんだよ」と勧めるようになった。大洗を訪れるガルパンファンは日ごとに増え、12月にインフォメーション・コーナーでガルパン関連の展示を行ったところ、ファンが殺到。それ以来、観光案内所というよりはガルパンファンのサロンのような施設になり、毎月1万人以上が訪れた。

やはりインフォメーション・コーナーのボランティアで、町内で老舗書店の江口又新堂《えぐちゆうしんどう》を営む江口文子さんも、町内を歩く若い男性に気付いた。ガルパンのファンだということは、すぐにわかった。商工会の人から聞いていたし、テレビも見て、馴染みの場所が次々と出てくる展開に、すっかりはまっていたからだ。

「でも、最初のうちはみんなシャイで、店に入ってくれる人は少なかったんです」（江口さん）

状況が変わったのは、最終回を目前にした翌年3月に開催された「大洗春まつり海楽フェスタ」だ。「ガルパン」に登場する54人のキャラクター等身大パネルを町内の各店舗に置いてファンに探してもらう「街なかかくれんぼ」が開催され、ファンが店に入りやすい空気ができたのだ。江口又新堂にも真田幸村を尊敬するキャラクター「左衛門佐」のパネルが置かれ、ファンが店に入ってくるようになった。江口さんは、訪れるファンに各シーンのモデル地点などを事細かに解説し、「やたらとガルパンに詳しいおばさん」として有名になる。

「街なかかくれんぼ」は、「大洗あんこう祭」の後に常盤氏をはじめとする有志で結成された、「ここそこ作戦本部」が企画したものだ。「ここそこ作戦」とは、「ガルパン」の大洗市街戦で、主人公たちがとった作戦名。「あんこう祭」の成功があったとは言え、まだ町の人々が諸手を挙げて「ガルパン」を歓迎しているわけではなかった。いきなり大勢に声をかければ、さまざまな意見が出て思うように動けなくなる。まずは少人数で小さな企画を成功させる。実績ができれば信用が生まれ、輪は広がっていく。

まずは1月に、いくつかの店舗にスタンプを置いてもらい、「ガルパンスタンプラリー」を実施した。すると、それまで写真を撮るばかりだったファンが、スタンプを置いた店や施設に入ってくれるようになった。では、もっと規模を拡げようと企画されたのが、「街なかかくれんぼ」だ。

市内54店舗に設置されたパネルには、「ここそこ作戦本部」のメンバーである大里明さんのアイデアで、裏面にキャラクター名と学校名、搭乗する戦車名が書かれた。まだ「ガルパン」に詳しくない店の人も、これを見れば店を訪れたファンと簡単な「ガルパン話」ができる。それまで、いわゆる「アニメオタク」というフィルターで見ていたファンたちが、みんな普通の青年たちであることが町の人に伝わった。

「ガルパン」で夢を叶えたアニメファン

この「街なかかくれんぼ」に参加して、町内をくまなく歩いたひとりに、鷲宮で「らき☆すた神輿」に参加している黒木聡さんがいた。茨城県ひたちなか市に暮らす黒木さんは、「茨城にも『らき☆すた』のような作品があればいいのに」と思っていたが、戦車には特段関心がなく「ガルパン」も見ていなかった。ところが、新聞で「あんこう祭」に6万人が来たと知って驚く。ようやく見始めたのは終盤からだったが、思いのほか面白く、ネットの配信サービスで最初から見た。

「ガルパン」は、制作の遅れから最後の2回の放送が3カ月ほど延期されたが、その結果、最終回の放送日が大洗の「海楽フェスタ」翌日となった。その「海楽フェスタ」で開催された企画が「街なかかくれんぼ」だ。このイベントを通じて、インフォメーション・コーナーや江口又新堂など、大洗の人々とつながりができた。

すっかり「ガルパン」と大洗にはまった黒木さんは、放送終了後も足繁く大洗に通った。「ガルパン」の人気は衰えるどころかますます盛り上がり、OVAや劇場版の制作も発表された。

そんな頃、石田さんに誘われたのが、「りんてつ応援団」への参加だ。2013年7月、インフォメーション・コーナーの石田さんや江口さんが中心となって結成されたボランティア団体で、グッズの製作・販売などで資金を作り、駅を清掃したり、座布団や、時計を寄贈したりといった活動を行っている。子供の頃からの鉄道ファンで、鉄道を仕事にすることが夢だった黒木さんにとって、間接的に夢を叶えられるチャンスだった。応援団の活動は楽しく、ガルパン列車のラッピング作業も手伝った。「ガルパン」のイベントを通じて、さらにファンや大洗の人とのつながりが広がった。

やがて黒木さんは、それまでの仕事を辞めて、茨城交通にバス運転手として就職する道を選ぶ。鉄道とも連携し、大洗やひたちなかの地域を結ぶ運輸の仕事だ。免許を取得し、研修を終えて担当となったバスは、当時茨城交通でも最も古い1803号車。すると、このバスが「ガールズ＆パンツァー劇場版」で主人公たちが乗るバスのモデルに指名された。聖地巡礼を続けてきた黒木さんは、画面にこそ映らなかったものの、とうとう大好きなアニメへの「出演」を果たしたのだ。

「ファン冥利に尽きます。やり遂げた感がありました」

列車と駅は作品世界への入口

大洗で、「ガルパン」のムーブメントが最高潮に達したのは、劇場版が公開された翌年、２０１６年の「大洗あんこう祭」だ。この年の来場者は実に13万人。鹿島臨海鉄道では車両を総動員して臨時列車も運行したが、水戸駅では積み残しが発生するほどの混雑となった。中には、列車を諦めて大洗まで12㎞あまりを歩いた人もいたという。会場では、開会式が終わる前に商品が売り切れる屋台も続出したが、ファンからのクレームは出なかった。それどころか、

「翌日、『昨日は自分たちが町や鉄道にご迷惑をおかけして申し訳ありませんでした』と

いう電話が何本かあったんです。あれには驚きました」（鹿島臨海鉄道・小松崎氏）

鹿島臨海鉄道の旅客収入は堅調だ。東日本大震災が発生し、7月まで不通区間があった2011年度の旅客収入は6億5700万円に落ち込んだが、2013年度は8億3900万円に回復。翌年以降も約8億円を維持し、2016年度には再び8億3700万円を記録した。

「ガルパン」のテレビ放送からすでに8年あまり。だが、2020年の今もOVA「最終章」の制作・上映が続いており、2021年3月には「ガールズ&パンツァー最終章第3話」が全国の劇場で公開される。OVAは全6話。まだまだ「ガルパン」のムーブメントは終わらない。

今も大洗には、多くの「ガルパン」ファンが訪れている。ガルパン列車で大洗駅に到着し、階段下りると、そこはテレビアニメ第7話で、「西住みほたちが麻子のおばあを見舞った帰りに降りた駅」そのものだ。「祝全国大会優勝　県立大洗女子学園」の横断幕を見て改札を通ると、特に初めて訪れたファンは、周囲を見回して表情がぱぁっと明るくなる。ベンチでおしゃべりをしていた地元のおばあちゃんが、「あなたも、ガルパンの人？　楽しんでいってね」と話しかけることもしばしばだ。大洗駅は、ファンを「ガルパン」の世

大洗駅ではキャラクターが迎えてくれる

劇場版にも登場した大洗駅

界に引き込む入口の役割を果たしている。

「ガルパン」と大洗がこれほどヒットした理由は何だろう。理由はいくつかあるが、それは、何よりも作品の質が高かったことだ。女子高校生が街中で戦車戦をするという、一見荒唐無稽な作品でありながら、ひとつひとつの映像や物語はきわめて丁寧に作り込まれ、最初は斜に構えて見ていた人たちも、すっかりファンにしてしまった。もうひとつは、大洗という町が古くからの観光地で、外部の人々を受け入れるマインドが定着していたことだ。一方商店街など、観光地以外では写真を撮るファンたちを見て、最初のうちは不安に思う住民もいたが、そのたびに作品を理解する周囲の人が説明し、理解が広がっていった。

そして、商工会が、商店街からのさまざまな「ガルパン」に関する申請物の取りまとめを一括して行い、デザインやライセンス処理などの手続きを常盤氏の会社が引き受けたこと。これは、秩父アニメツーリズム実行委員会（4章参照）とよく似た仕組みだが、日々商売の現場にある人々が窓口になったおかげで、フットワークが抜群に軽い。今でも2週間に1回「ガルパン相談会」が開催されており、新しいノベルティーや商品、企画が出やすい、活気を維持する仕組みが完成している。

そして、ファンの年齢層が高く、「ベテランのアニメファン」が多かったことも良かった。

第7話で描かれた鹿島臨海鉄道6000形

コミケなどのイベントを通じて、アニメファンが集まるとどういうことが起きるのか、どういう目で見られるのかを知り尽くした人が多かった。だから、大洗駅でのガルパン列車お披露目イベントが突然150人限定になっても、「安全を考えたらそうだよね」と誰も怒ることなく納得したのだ。

鷲宮から始まったいわゆる「聖地巡礼」の経験によって、多くのアニメファンが、地域の人とどのように接すれば良いかを身につけていたことも大きい。作品の質、地域の人々のマインド、ファンの経験。この3つが重なって、「ガルパン」と大洗は大きな成果を出したのである。

現実の鉄道が登場することで、作品世界を身近なものにした「究極超人あ〜る」。鉄道会社ならではの信用力と知名度で、アニメ作品とのコラボレーションをすっかり定着させた叡山電鉄の「きらら×きららプロジェクト」。鉄道会社の発案に、制作会社が協力して作品世界を現実化させたのと鉄道と「花咲くいろは」。そして、町の人々によるアイデアが何倍もの相乗効果を生み出し、鉄道が作品世界への導入として活かされている鹿島臨海鉄道と「ガールズ&パンツァー」。

コンテンツツーリズムにおける、アニメーション作品と鉄道会社の関わり方はさまざまだ。いずれの例でも、鉄道のもつフォトジェニックなビジュアルと信用力が、作品とファン、そして時に地域の人々を結びつける役割を果たしている。アニメと鉄道が融合することで、アニメはただのフィクションではなくなる。「聖地巡礼」における鉄道は、フィクションとリアルを結びつける接点の役割を果たしている。

第7章

ラッピング列車の発達史

大手私鉄から地方私鉄までラッピング列車花盛り

アニメーションと鉄道のコラボレーションにおいて、最もポピュラーな手段がラッピング列車だ。再剥離可能なフィルムにイラストや写真を印刷し車体に貼り付ける手法は、印刷・フィルム技術の向上と低価格化に伴って全国の鉄道事業者に普及している。高品質なアニメの絵柄をラッピングした列車は、ひと昔前は「痛電車」などと言われたりもしたが、現在ではすっかり日常化した。２０２０年10月現在も、ＪＲ北海道花咲線（根室本線）の「ルパン三世ラッピングトレイン」、伊豆箱根鉄道駿豆線の「ラブライブ!サンシャイン!!ラッピング電車」、のと鉄道「花咲くいろはラッピング列車」など、数多くのアニメラッピング列車が運行されている。

ラッピング列車は、広告媒体としても価値が高い。町の風景や渋滞に埋没することがなく、表面積が大きい鉄道車両は、施工費・広告費ともビルの看板などに比べて安価で、かつ宣伝効果が高い。

ラッピング列車は、いつ頃から登場し、どのように発展してきたのだろうか。この章では、すっかりお馴染みになったラッピング列車の歩みを見て行きたい。

初のラッピング列車は「コカ・コーラレッド」

車体に広告を掲示する車体広告は、地方のバスや路面電車を中心に１９６０年代から行われていた。当時は車体に直接広告を描くことは少なく、車体に予め設けられた枠に広告を描いたシートを差し込む方式が主流だった。一方、国鉄などの普通鉄道では、車体広告はほとんど行われていなかった。

車体全体に広告を描いた、今で言うラッピング列車のパイオニアは、国鉄分割民営化直後にＪＲ東日本長野支社が導入した「コカ・コーラレッド」の電車だ。信越本線（現・しなの鉄道）などで使用される普通列車用１１５系電車３両をコカ・コーラのイメージカラーである赤一色に塗装し、窓下にロゴとコピーなどを白で描いた電車で、松本市に本社があった長野コカ・コーラボトリングがスポンサーだった。当時はラッピングフィルムの技術が確立しておらず、すべて塗装だった。

JR発足翌月の1987（昭和62）年5月2日から運用に入った「コカ・コーラレッド」は、当初1年契約だったが、最終的に1990年まで約3年間運行された。長野県における、国鉄民営化を象徴する電車で、2018年には信越本線の運行を引き継いだしなの鉄道が、コカ・コーラレッドを復刻。こちらも2020年秋まで約3年間運行された。

アニメ列車のルーツは「鬼太郎列車」

国鉄時代は存在しなかった「ラッピング列車」だが、イラストなどが描かれた特別塗装は1980（昭和55）年前後から事例が見られる。1979（昭和54）年に上野～烏山間で運行されたミステリー列車「銀河鉄道999号」は、EF65形電気機関車の側面に「999」のロゴステッカーを貼って運行したし、神奈川県の相模鉄道では、横浜駅乗り入れ50周年を記念して、1983（昭和58）年12月10日から漫画家・久里洋二のイラスト「いずみ野線沿線の緑と自然」を車体全体に描いた6000系電車、「ほほえみ号」が運行された（1991年廃車）。

１９８０年代に入ると、巨額の赤字を抱えた国鉄が、観光向けジョイフルトレインを次々とデビューさせるなど、あの手この手で誘客を図るようになる。

１９８６年、そうした施策の一環として、鳥取県の境線（米子〜境港間）に、魚のイラストを車体に描いたキハ40形ボディペインティング車両、「さかな列車」３両が登場した。山陰地方有数の漁港として知られる境港のＰＲを目的としたものだ。

ＪＲ発足後の１９９３年５月、境線のワンマン化が決定し、ワンマン化非対応の「おさかな列車」は３両とも山口鉄道部に転出することになった。そこで、境線を管轄するＪＲ西日本米子支社は、新しいボディペインティング車両として５両を選定。そのうちの３両は一般からデザインを公募し、それぞれ「タイ列車」「水鳥列車」「ヨット列車」となったが、残るキハ40形２両には、境港市育ちの漫画家・水木しげる原作の「ゲゲゲの鬼太郎」のキャラクターがペイントされる

初代鬼太郎列車　現在のラッピング列車ほどの細かい描写ではないが、温かみがある

ことになった。日本初のアニメーション作品とコラボレーションしたペイント列車、「鬼太郎列車」の誕生だ。

水木しげるロードの整備とペイント車両の更新時期が一致

「鬼太郎列車」誕生のきっかけは、水木しげるの故郷である鳥取県境港市に、「水木しげるロード」が整備されたことだった。

境港市は、昔からJR境港駅から漁港周辺にかけて繁華街が形成されていた。だが、1980年代になると、モータリゼーションの進行や国道への大型店舗の進出などによって、港周辺が衰退してしまう。

一方テレビでは、1985（昭和60）年に「ゲゲゲの鬼太郎」（3期）の放送がスタートし、水木しげるブームが再燃。1989年には「悪魔くん」の放送も始まった。

これを受けて境港市は、「緑と文化のまちづくり」の一環として、市内の商店街に「水木しげるロード」の整備を決定する。大通り沿いに水木しげるの代表作「ゲゲゲの鬼太

2020年10月現在の鬼太郎列車（右）は5代目　©水木プロ

郎」「悪魔くん」「河童の三平」に登場する妖怪たちの銅像を設置するというもので、１９９３年７月18日、まずは鬼太郎など銅像23体でオープンした。

初代「おさかな列車」が鉄道会社の都合で転出し、新しい車両を用意するタイミングが、たまたま水木しげるロードによる町おこしと重なった。そうした偶然によって、初代「鬼太郎列車」は誕生したのである。

鬼太郎ファミリーのイラストは、すべてペンキによる塗装で行われた。水木プロダクションの許可を受け、ＪＲ西日本後藤車両所（現・後藤総合車両所）の社員ふたりが、水木しげるの原画を見ながらおよそ２週間かけて１両をペイント。鬼太郎、目玉おやじ、ねずみ男といった鬼太郎ファミリーに加え、牛鬼、山彦といった山陰地方に縁のある妖怪が描かれた。現代のラッピングフィルムなら、ディーゼルカー1両は1日か2日あれば貼り込み可能だから、塗装にいかに手間がかかるかわかる。ましてや漫画家ではない社員が原画を見ながら描いたのなら、なおさらだ。10月には2両目もペイントされて2両体制となった。

水木しげるロードは、当初の予想を大きく超えて人気観光地に成長し、2000年には2代目鬼太郎列車が登場した。この時から、イラストを印刷したステッカーを車体に貼る方式に変わり、ねこ娘列車、目玉おやじ列車など次々と仲間を増やしていった。

2003年に境港に水木しげる記念館がオープンすると、市内の駐車場不足もあって、「鬼太郎列車に乗り、水木しげるロードを歩いて水木しげる記念館へ行く」というのが定番観光ルートになった。初年度に2万人ほどだった境港市の年間旅行者数は、NHKの連続テレビ小説「ゲゲゲの女房」の放送もあって2010年度には370万人を記録。

2009年からは韓国の東海及びロシアのウラジオストックを結ぶ国際フェリーが開設され、韓国を中心に訪日観光客も増加した。韓国にも日本の妖怪に通じる怪談は数多く、一時期は水木しげるロードと鬼太郎列車が日韓友好に一役買った。ただし、2020年現在は日韓関係の悪化とコロナ禍によって、国際航路は廃止されている。

2020年現在は妖怪たちの銅像が177体、境線にはフルラッピングを施した5代目「鬼太郎列車」を中心に、「ねこ娘」「目玉おやじ」「ねずみ男」「こなき爺」「砂かけ婆」の6本が運行中だ。

青函トンネル10周年を記念して「ドラえもん海底列車」が登場

山陰観光の定番列車として定着した鬼太郎列車だったが、後に続く事例はなかなかなかった。アニメを子供と一部「オタク」が喜ぶものと考える風潮が根強く、塗装は手間がかかるうえ細かい表現が苦手。短期間での塗り換えも難しいなど、期間限定ものが多いコラボレーション企画には向かなかった。

1994年、住友スリーエム（現・スリーエム ジャパン）が再剥離可能、つまりきれいに剥がせる車体ラッピング用のフィルムを初めて発売する。しかし、まだまだコストが高く、施工業者も限られるなど、気軽に利用できる状況ではなかった。

民営化のイメージづくりを進めるJR各社ではこの時期、イギリス人絵本作家、ジョン・シェリー氏のイラストを描いたJR東日本の185系特急型電車「シュプールフルフル」(1994年)、キタキツネやカニ、ラベンダー畑などをペイントしたJR北海道の「ペインティング列車」(1997年)など、カラフルな車両をいくつか登場させているが、いずれも塗装によるものだった。

私鉄でも、徐々にイラストをペイントした車両が現れた。1994年、富山県の加越能鉄道万葉線(現・万葉線)に、ネコと十二支の動物たちが描かれた「アニマル電車」が登場。1997年には、三重県の近鉄伊賀線(現・伊賀鉄道伊賀線)に、松本零士氏デザインによる「忍者電車」が、1999年には大阪府の泉北高速鉄道にやはり松本零士氏デザインのペイント電車「ハッピーベアル」がデビューしている。

地方鉄道に車体へ広告をペイントしたコマーシャル列車が見られるようになったのも、90年代後半からである。群馬県の上毛電鉄には、350形電車の車体に地元信用金庫の広告として「アンパンマン」をペイントした電車が現れた。

1998年になると、ラッピングフィルムの技術が向上し、剥がしやすいだけでなく、貼り付ける際に気泡の混入を防ぐエアフリー機能が実用化されて使い勝手が良くなった。この頃から、塗装に代わってイラストや広告を印刷したステッカーやラッピングフィルムを車体に貼り付ける例が増えてくる。

同年3月、青森と函館を結ぶ津軽海峡線に、藤子・F・不二雄原作のアニメ「ドラえもん」とタイアップした「ドラえもん海底列車」がデビューした。青函トンネル開業10周年を記念した企画で、快速「海峡」の14系座席車の車体に「ドラえもん」の登場人物のステッカーが貼られたほか、青函トンネル内の吉岡海底駅（現在は廃止）には同作品の展示スペースも設けられた。

「ドラえもん海底列車」は利用者が減少していた津軽海峡線のテコ入れ策でもあり、翌1999年以降も、毎年春から秋にかけて運行された。2002年に快速「海峡」が廃止されるまでは、その年の運行が終了すると客車からステッカーが剥がされ、翌年また新しいステッカーが貼られた。再剥離可能なステッカーやラッピングフィルムが実用化したからこそ、実現できた列車だった。

東京都の屋外広告規制が緩和されラッピングバスが登場

一方東京都では、1955年以降、公共交通機関については自社広告以外の車体広告がほぼ全面的に禁止されていた。わずかな例外がバスと路面電車だったが、大きさや掲出場所が厳しく制限されていた。

そうした状況に風穴を開けたのが、石原慎太郎東京都知事である。

1999年4月、第14代東京都知事に就任した石原氏は、雑誌のインタビューで赤字に苦しむ都営交通について、「バスの窓に半分かかったっていいから、看板を掲げて広告塔として走らせたらいいんだよ。わずかなものだけど、少しは支えになるんじゃないの」と発言した(日経ビジネス1999年5月10日号)。これが鶴の一声となり、東京都は車体広告の規制緩和に向けて動き出す。

同年12月には、JR京浜東北線に209系「エコトレイン」が1カ月間の期間限定で登場。国鉄時代の103系電車に比べて3分の1の電力で走る209系10両編成の車内に、環境問題をテーマとする作文・ポスターコンクールの入選作品を掲出したもので、両端の先頭車は車体全体に環境の大切さを訴えるコピーと、青い地球で電車ごっこをして遊ぶ子供たちの姿がラッピングされた。東京都内の電車では初となる、フルラッピング電車であった。「環境庁（現・環境省）が後援しており、営利目的ではない」という理由で特別に認められたものだったが、これもラッピング車両解禁に向けた地ならしとなった。

2000年2月、都知事の諮問を受けた都広告物審議会は「車体広告の大きさの規制を緩和すべき」と答申。同年3月に条例が改正されて、バス・路面電車については従来2・7㎡以内とされた車体広告が、床下を除く車体面積の30％以下または30㎡まで認められることになった。半世紀近く守られてきた規制が、都知事の発言によってわずか1年足らずで改正されるという、都職員も驚くスピード緩和だった。

ラッピングバスブームによってカーラッピングが普及

条例改正を受けて、4月末からラッピングバスが運行を開始した。初年度にラッピング広告を導入した都営バスは620台。広告主は173社にのぼった。その好調ぶりから、東京都は初年度の広告収入見込みを3億円から5億円に上方修正したが、最終的にはそれをも大きく上まわる6億3500万円を記録した。

渋谷や新宿などのターミナルに発着し、広範囲を移動するバスの宣伝効果は絶大だ。当時、渋谷駅前の大型広告看板の広告費用は1カ月1000万円以上した。それがバスなら、制作費込みでも1台年間350万円程度。しかも繁華街に溶け込む看板と異なり、動くバスは人の目を引きやすい。ラッピングバスは、コロンブスの卵ともいうべき破格の広告媒体だった。

都営バスの状況を見て、東急バス、京王バス、小田急バスなど、都内の大手民間バス会社も次々とラッピングバスを導入した。横浜、京都、神戸といった大都市の公営バスもこれに続き、突如20億円を超えるラッピング広告市場が生まれたのである。同時に、カーラッピングと呼ばれた車両向けラッピングフィルムの需要が急増。技術の向上と価格の低廉化によって、ラッピング車両はごく普通の存在になっていった。

5月には、都電荒川線にもラッピング電車が登場し、初年度は18両に広告が出稿された。広告主の中には大手ゲームメーカーのコナミもいて、2001年10月から翌年春にかけて、プレイステーション2用恋愛シミュレーションゲーム「ときめきメモリアル3～約束のあの場所で～」のラッピング電車が運行されている。あくまでゲームの広告ながら、電車に美少女キャラが大きく描かれた初のケースとなった。

矛盾が露わになった鉄道への車体広告規制

この段階では、規制緩和はバスと路面電車に限られ、山手線などの普通鉄道の車体広告は依然として規制されたままだった。しかし、バスは良くて鉄道はダメという道理はない。この頃、その矛盾を象徴するような出来事がふたつあった。

ひとつは、ＪＲ東日本の「ときめき山梨ぶどう号」だ。２０００年10月、山梨の観光キャンペーンに合わせて、ジョイフルトレイン「アルファ」が「ときめき山梨ぶどう号」として大月～甲府間で運行された。ところが、キャンペーンに合わせて車体にブドウのステッカーを貼ったところ、これが屋外広告と見なされて都内の車両基地に回送できない事態が発生したのである。結局「アルファ」は、都広告審議会で特例扱いとする議決を経てようやく車両基地に入ることができた。

もうひとつは、都営大江戸線のラッピング広告電車だ。2000年9月、全線開業を12月に控えた都営地下鉄大江戸線で、車体下半分にデパートなどの広告を掲出したラッピング電車が走り始めた。まだ普通鉄道の車体広告は禁止されていたが、「大江戸線は全線地下を走るため屋外広告に当たらない」という理屈で許可が下りたのだった。どちらのケースも、いかにも役人らしい発想の出来事だった。

2001年2月、普通鉄道に対しても規制緩和の方針が打ち出され、同年10月、鉄道についても車体広告が解禁された。ただし、鉄道はバスよりも車体面積が大きいため、広告の面積は車体面積の10%まで、自社広告や非営利目的の広告については30%までと定められた。こうして、東京都内でラッピング電車を運行する道が開かれた。

2000年代前半、アニメラッピング列車が続々デビュー

東京都でラッピングバスが走り出した2000年は、アニメと鉄道のコラボレーション企画にとっても、本格スタートの年となった。地方の鉄道を中心に、アニメ作品とコラボ

レーションしたラッピング列車が続々と登場したのである。

２０００年3月、3年目を迎えた津軽海峡線の「ドラえもん海底列車」が、牽引機であるＥＤ79形電気機関車にもドラえもんペイントが施された。44両在籍していたＥＤ79形のうち、ドラえもんペイントが施されたのは5両。前面いっぱいにドラえもんの顔が描かれた機関車もあれば、ヘッドマークのように小さく描かれた機関車もあるなどバラエティ豊かな塗装が施され、車両によっては年によってデザインが変わる力の入れようだった。

この年の夏休みには、伊豆急行のリゾート21に期間限定の「名探偵コナン」電車が運行。さらに10月14日の鉄道の日からは、ＪＲ四国の土讃線特急「南風」に、車体全体にアンパンマンのキャラクターを描いた２０００系「アンパンマン列車」が投入された。ＪＲ四国の「アンパンマン列車」は、アンパンマンの作者、やなせたかしが高知県出身という縁から実現したものだった。

２００2年11月、北海道の第3セクター鉄道、北海道ちほく高原鉄道に、「銀河鉄道９９9ラッピング車両」2両がお目見えした。ＪＲ池北線から転換したちほく高原鉄道は、「ふるさと銀河線」を称し、開業時の記念シンポジウムに松本零士氏もパネリストとして参加するなど、「銀河鉄道９９９」とは縁のある路線だった。利用者減少が続いていたふるさと銀河線の支援策のひとつとして導入されたもので、ちほく高原鉄道が廃止される２００６年４月まで運行された。

続いて２００３年３月22日、宮城県のＪR東日本仙石線に、石巻市にある石ノ森萬画館と連携したラッピングトレイン「マンガッタンライナー」がデビュー。４両編成の２０５系電車に、「サイボーグ００９」、「仮面ライダー」、「秘密戦隊ゴレンジャー」、「がんばれ!!ロボコン」のキャラクターが１両ずつ描かれた電車だ。さらに２００４年には、藤子不二雄Ａの故郷である富山県のＪR氷見線・城端線に、「忍者ハットリくん」のキャラクターをラッピングしたキハ40形「忍者ハットリくん列車」が登場した。

この時期に登場したアニメラッピング列車は、その多くが長期間にわたって運行を続けている。ＪR四国のアンパンマン列車は、２０２０年に運行開始20周年を迎え、「アンパンマントロッコ」を含め21両が活躍している。アンパンマンは、すっかりＪR四国のシンボルキャラクターとなった。

仙石線の「マンガッタンライナー」は、２００８年に第二弾として「マンガッタンライナーⅡ」が導入され、東日本大震災を乗り越えて現在も２本が運行中だ。「忍者ハットリくん列車」も、２０１１年にデザインが一新され、富山県高岡地方の定番観光列車として活躍を続けている。

２００６年に全線が廃止となったちほく高原鉄道の「銀河鉄道９９９ラッピング車両」も現役だ。廃止後、陸別駅周辺を保存した「ふるさと銀河線りくべつ鉄道」に2両とも譲渡され、毎年春から秋にかけて旧陸別駅構内の約５００ｍを元気に走っている。

首都圏でも続々と登場したラッピング電車

さて、２００１年10月に電車の車体広告が解禁された東京都は、その後どうなったか。

東京都のラッピング広告電車第１号はＪＲ山手線だ。同年12月、年末に丸の内で開催されるイルミネーションキャンペーン「東京ミレナリオ」の広告電車で、11両編成８本が運行された。東京ミレナリオは、ＪＲ東日本の広告事業を行うＪＲ東日本企画（ｊｅｋｉ）が運営管理を受注しており、言わば自社イベントで広告電車の効果を試行したのである。

翌２００２年の夏休み、山手線に「ポケモントレイン」が登場した。これは、毎年ＪＲ東日本が開催している「ポケモンスタンプラリー」（２００２年は「ポケモン・ハッピーアドベンチャーラリー２００２」）に合わせて運行されている電車で、２００２年は、それまでの車内装飾に加えて、車体にもポケモンのヘッドマークとイラストステッカーが掲示された。車体の内外をポケモンで埋め尽くすポケモントレインは、毎年恒例の電車となり、首都圏でのアニメ作品連動電車のスタイルを確立した。

当初は、戸袋部など決められたスペースのみ認められていた車体広告だが、２００３年９月からは車体に対する割合を除いて制限がなくなり、フリーデザイン広告が導入された。第１号はトヨタ自動車の「プリウス」で、車体側面に実物大の自動車をプリント。当時はまだＪＲの駅にホームドアがなく、電車がホームに入ってくると、一緒にプリウスが走ってくるように見える演出が施された。ほかにも、扉が閉じるとハートが完成する広告、戸袋部に人物、扉にバナナを配して、扉が開くとバナナを食べたように見える広告など、電車ならではの工夫を凝らした広告が次々と現れた。

驚きだった「放課後ティータイムトレイン」

放課後ティータイムトレイン　©かきふらい・芳文社／桜高軽音部

東急東横線は、２００３年5月に神奈川県川崎市が条例を改正して車体広告を解禁したのを受けて、みなとみらい線が開業した２００４年２月１日から車体広告をスタート。２００５年12月には、映画「ふたりはプリキュアＭａｘＨｅａｒｔ２雪空のともだち」公開を記念して、電車の内外をプリキュア一色に装飾した９０００系「プリキュアトレイン」を運行した。

２００６年になると、車体広告はＪＲを中心にすっかり普通の存在になり、アニメやゲーム作品とのコラボレーションも一気に増えた。首都圏では、「ポケモンスタンプラリー」に連動した「ポケモントレイン」が毎年恒例となったし、中京圏の名古屋鉄道では、２００７年に劇場版「ポケットモンスター」10周年を記念した

「ラブピカ　Ｐｒｏｊｅｃｔ」によって、ポケモンラッピングトレインが登場。２０１６年まで毎年運行された。関西の京阪電鉄でも、２００６年の夏休みから「京阪電車きかんしゃトーマス号」が運行され、２０２０年も交野線を中心に運行された。

数多く登場したアニメラッピングトレインの中でも、大きな進歩だったのが、２０１１年8月22日に登場した京阪石山坂本線の「劇場版けいおん!」コラボレーション電車「放課後ティータイムトレイン」だ。平沢唯、秋山澪をはじめとする「けいおん!」の登場人物が、２両編成の６００形電車の車体いっぱいに、窓にもかかる形で描かれ、車内も「けいおん!」の本編画像と音楽をイメージさせる装飾で彩られた。

すでに首都圏では、「けいおん!」の前番組で、同じ京都アニメーション制作による「ＣＬＡＮＮＡＤ」をＰＲする「ＣＬＡＮＮＡＤラッピング電車」が中央・総武緩行線で運行されていたが、「放課後ティータイムトレイン」はフルラッピングだった上に、インパクト、発色、デザイン性のいずれもそれまでのアニメラッピング電車のレベルを超えていた。そのクオリティの高さから、アニメファンが自らの自動車にアニメの登場人物をラッピングする「痛車」(〝アニメオタクの痛々しい車〟とイタリア車の略称イタ車をかけた造語)をもじって、「痛電車」などと呼ばれたほどだった。

インパクトの大きかった「放課後ティータイムトレイン」だったが、2000年代半ばから社会にアニメ文化を受け入れる素地ができあがっていたこともあり、沿線からも受け入れられて行った。これ以降、沿線の屋外広告物条例を守りつつ、作品のイラストを車体に大胆に描く、デザイン性の高い事例が増えていった。

屋外広告物と見なされた小田急F-TRAIN

すっかり浸透したラッピング列車だったが、トラブルもあった。それが、2011年8月3日から小田急電鉄で運行を開始した、3000形「F-TRAIN」の騒動だ。

F-TRAINは、川崎市の「藤子・F・不二雄ミュージアム」の開館を記念して小田急電鉄が運行したラッピングトレインだ。3000形電車の車体に、ドラえもんをはじめ、パーマン、オバケのQ太郎、バケルくんなど、藤子・F・不二雄の漫画キャラクターが車体いっぱいに描かれた。

ところが、運行開始からまもない8月中旬、東京都からこの電車が東京都の屋外広告物条例に違反しているという指摘を受ける。

東京都を走る電車は、２００１年10月の条約施行規則改定以来、広告物は底面を除く車体面積の10分の1以下の大きさに収めることが条件となっている。だが、Ｆ－Ｔｒａｉｎは車体全体にキャラクターが描かれ、その面積は10分の1をはるかに超えていた。しかも、小田急電鉄はそもそも許可申請書を提出していなかった。

なぜ、小田急電鉄ほどの企業が初歩的なミスを犯してしまったのか。

実は、小田急電鉄は「Ｆ－Ｔｒａｉｎ」を広告物とは認識していなかった。

Ｆ－Ｔｒａｉｎは、藤子キャラが車体いっぱいに描かれてはいるが、車内を含めて藤子・Ｆ・ミュージアムについての情報は一切書かれていなかった。ミュージアムの宣伝を行っていない以上、屋外広告には当たらない、と解釈されたのだろう。いや、解釈というよりも、広告物にあたるかもしれないという発想自体がなかったようだ。

小田急電鉄は、２００７年11月に、同じ３０００形のラッピングトレイン「ぼくたち・わたしたちの『ゆめの列車』」を運行している。これは、その年の夏に小田急電鉄開業80周年を記念して行われた「でんしゃデザインコンテスト」において、小田急電鉄賞を受賞した2作品を、車体側面に片面ずつデザインした電車で、２００８年3月まで運行している。この電車は、あくまで電車のデザインを描いたもので、屋外広告物ではなかった。こうした経験から、イラストをデザインしただけでは広告物に該当しないという認識があったのも、無理のないことだった。

だが、2000年10月、行楽列車「ときめき山梨ぶどう号」が、ぶどうのイラストを車体に貼っただけで「観光キャンペーンの広告物である」と指摘した東京都である。「藤子・F・不二雄ミュージアムの開館を記念」と銘打ったF－Trainは、当然広告物と判断されてしまった。

結局、小田急電鉄は、当初1年程度運行予定だったF－Trainを、運行開始からわずか2カ月後の9月末で打ち切り、外装ラッピングの撤去を余儀なくされた。F－Trainはその後車内のみ装飾を維持して運行され、翌2012年7月20日からは、外装を都の条例に適合させた「F－TrainⅡ」が運行された。

F－Trainの騒動は、小田急電鉄の甘さもあったが、東京都の杓子定規さを露呈した出来事だった。

この点、したたかだったのが、解禁当初から広告電車を走らせているJR東日本だ。山手線では、2009年9月に「山手線命名100周年『昔の山手線』復刻調電車」を走らせた。１９０９年に品川〜赤羽・田端間が「山手線」と命名されてから１００周年となるのを記念して、当時の旧型電車風の茶色いラッピングをまとった……ということになっていたが、実際に走った電車は明治チョコレートの広告電車でもあった。都は「最も面積の大きい地色は広告に数えない」としているため、元より問題のないデザインだったが「車体が茶色いのはチョコレートの広告ではなく、１００年前の国電を再現した色」としたところがうまかった。

２０２０年10月に、西武鉄道に登場したドラえもんラッピング電車「ＤＯＲＡＥＭＯＮ－ＧＯ！」は、車体にキャラクターを描かず、「地色」にあたるブルーの車体でドラえもんのイメージを表現している。これは、Ｆ－Ｔｒａｉｎの教訓が活かされていると言えるだろう。

コラボレーションを支えるラッピングフィルムの技術

今ではすっかり世の中に定着したラッピング列車。その技術もこの20年あまりで大きく進化し、毎日雨風にさらされる車体に美しいイラストをプリントできるようになっている。

その最新の技術を少しだけ紹介しよう。

現在、車両用のラッピングフィルムは数社が供給しているが、高いシェアを占めているのが、３Ｍだ。同社は日本において、30年以上前から国鉄やＪＲの車体番号やグリーン車のマークなどにステッカーを供給していたが、１９９０年代前半から、車体用の大型ラッピングフィルムを製品化した。

鉄道車両用のラッピングフィルムでは、色の再現性や長期間色あせない耐候性が必要なのはもちろんだが、実はそれと同じくらい、再剥離性が重要だ。つまり、いったん貼ったフィルムを、簡単・きれいに剥がせる機能が必要となる。

鉄道やバスなどの車両は、寿命を終えて解体されるまで、何度も車体のデザインが変わるのが普通だ。特にラッピング広告やアニメ作品とコラボしたラッピングの場合、数カ月で別のデザインに貼り替える。このため、貼っている間はしっかり貼り付き、剥がしたくなったらきれいに剥がせる性能が重要となる。剥がした時にフィルムや糊が車体に残ってしまったり、あるいは強力すぎて車体の表面を剥がしてしまったりしてはいけない。90年代、車両用のラッピングフィルムが初めて実用化した時の重要な技術革新は、「再剥離可能」という点にあった。

そして、もうひとつ重要な技術が施工性の高さ、つまり位置合わせをしやすいということだ。巨大な車体にラッピングする場合、位置を1回で決められることは少ない。何度か微調整をしながら、設計図通りの正確な位置を決めていく。この時、粘着面がすぐに強い接着力を発揮しては困る。微調整を繰り返すうちに、フィルムにシワや汚れが生じる恐れもある。

技術の要は小さなビーズ

すぐには接着せず、最終的には何年も剥がれないよう強い接着力を発揮し、剥がすときにはきれいに剥がせる……。一見矛盾する性能を求められるのが鉄道車両用のラッピングフィルムだ。実際、どのような技術が使われているのか。

「実は、車両用のラッピングフィルムには、粘着面に細かいビーズが埋め込まれています」

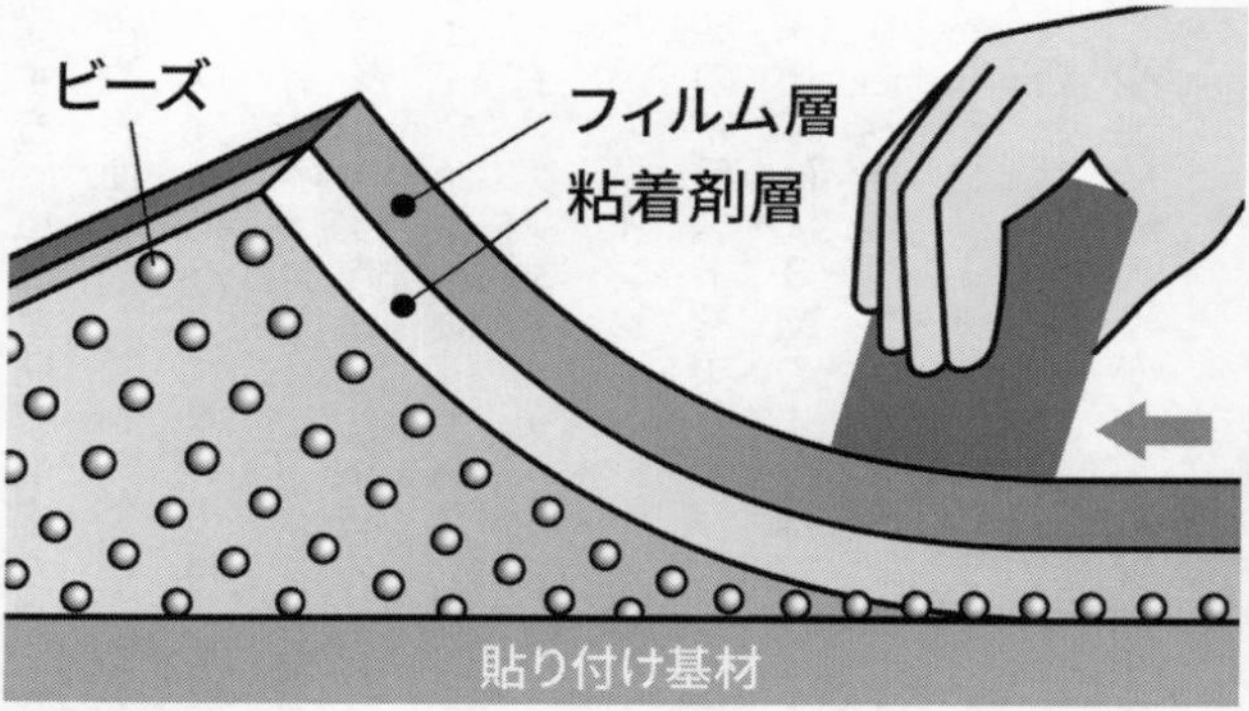

粘着剤にビーズがあるおかげで、上から押しつけないと完全には接着しない
画像提供：スリーエム ジャパン

そう説明するのは、スリーエム ジャパン株式会社コマーシャルソリューション事業部の芥川智恩氏だ。

「粘着面にビーズが露出しているので、軽く位置を合わせた段階ではあまり接着力を発揮しません。しっかりと位置を決めたら、スキージーを使ってフィルムを押しつけると、ビーズが粘着層の中にめり込み、粘着剤が基材、つまり車体表面に貼り付いて、しっかりとくっつくようになっています」

フィルム自体は、プラスチックの一種であるポリ塩化ビニル（塩ビ）が使われている。ここにインクを吹き付けて色やイラストをプリントした後、フッ素系材料で表面を保護することで、耐候性（気候や太陽光に対する耐性）・耐汚染性を確保する。虫歯予防で有名なフッ素だが、摩耗や変質に強いという特性があり、プリントの色や表面を美しく保つ効果がある。

フィルムへのプリントは、写真やイラストのようなグラフィックを印刷する場合、現在はインクジェットプリントが主流だ。フィルム面に溶剤インクを吹き付けると、フィルムの表面がわずかに溶けてインクが乗る。ヒーターと自然乾燥によって溶剤を揮発させると、フィルム面にインクが固着する仕組みである。

インクジェットプリントは、基本的な技術は家庭用インクジェットプリンターと同じだ。大型インクジェットの技術が進んで解像力が上がり、インクの発色も進化して、アニメのイラストを美しくラッピングすることが可能になった。

通常は、３Ｍのようなフィルムメーカーがフィルム製品を販売し、実際のプリントと貼り込み作業はフィルムを購入した施工業者が行う。近年は、イラストごとに大きさや形の異なるフリースタイルのデザインが多く、位置決めには慎重な調整が必要だ。一方で、位置合わせのやり直しがしやすくなっているため、アニメ作品のラッピングは、ボランティアや地域の人々が作業に参加することもある。

色や線だけでなく質感も表現

極めて一般的になった鉄道車両へのラッピングだが、5章の「500TYPE EVA」でも触れたように、新幹線車両は長い間ラッピングではなく塗装が行われてきた。時速200㎞を超える速度で走行する新幹線は、万が一にも走行中にフィルムが剥がれてはいけないと考えられてきたからだ。

だが、2016年に登場した上越新幹線の観光車両「現美新幹線」は、初めてフルラッピングが施され、沿線の風物詩である長岡の花火が全6両にデザインされた。直接風が当たるノーズとルーフ部分は塗装とされたが、現美新幹線はラッピング技術の向上によって誕生したと言えるだろう。

「他にも、開業当時の車両を再現した東京メトロ銀座線1000形の特別仕様車や、山手線のE235系にも、3Mのスコッチカルフィルム™が使用されています。車両のコンセプトごとにフィルムの仕様は変えており、E235系は、それまで難しかったステンレス車体に貼れる透明フィルムの実用化に成功し、ステンレスのヘアライン加工を活かしたまま、ドット状のデザインを載せることができました」

また、ＪＲ東日本の日光線の観光車両「いろは号」や、京阪電鉄の石清水八幡宮参道ケーブルにも同社のフィルムが採用された。「いろは号」は、ステンレスの車体に、幾何学模様を印刷したシルバーのフィルムを貼り、日光らしいレトロなイメージを表現。石清水ケーブルは、きらきらと輝くようなゴールドの印刷を施して、まるで銅のような輝きのある質感を表現した。

「絵柄だけでなく、フィルムやインクによってさまざまな質感をも表現できるようになったのです」

鉄道会社の職員が２週間かけてペンキを塗っていた初代「鬼太郎列車」の時代から約30年。ラッピングの技術はますます上がり、鉄道車両はキャラクターやアニメーションの世界を表現するキャンバスのひとつとなっている。

第8章

全国の鉄道を結ぶプラットフォーム「鉄道むすめ」

全国の鉄道で活躍する「鉄道むすめ」たち

最近、地方の鉄道を訪れると、可愛い女性キャラクターの等身大パネルやポスターをよく見かける。アニメ作品とのコラボが増えたこともあるが、特によく目に付くのが、トミーテックが展開する「鉄道むすめ」シリーズだ。

「鉄道むすめ」はアニメーション作品ではなく、4章で紹介した「ぐでたま」「コウペンちゃん」などと同じキャラクターコンテンツだ。実在する全国の鉄道事業者で働く女性のキャラクターで、駅員や運転士、あるいはアテンダントなど、さまざまな職種の制服を着た女性キャラクターを、主にイラストで展開している。各キャラクターは、「久慈ありす」(三陸鉄道)、「秋葉みらい」(つくばエクスプレス)といった、所属する鉄道の駅名や列車名にちなんだ名前が付けられ、公認キャラクターとしてポスターやグッズ、ヘッドマーク、ラッピング列車などに活用されている。

「まもなく総勢100人になり、全国の多くの地方鉄道に行き渡るようになりました」

そう語るのは、トミーテックの松岡営業部長だ。2020年11月1日現在、「鉄道むす

左から「日高かすみ（紀州鉄道）」「新津テイナ（総合車両製作所）」「神代みさき（島原鉄道）」「立石あやめ（トミーテック）」

め」は全国63の鉄道事業者を含む76社（他に個人とのコラボ１人）に採用されている。日本には約２００の旅客鉄道事業者があるので、おおよそ3社に1社には「鉄道むすめ」がいる計算だ。その多くは可愛らしい、いわゆる「萌え」系の美少女キャラだが、胸や身体のラインを強調するといった性を連想させる表現はほとんどない。鉄道事業者の公認キャラクターらしく、制服の格好良さと清潔感を前面に出したデザインだ。

キャラクターは、複数のイラストレーターが描いており、多くの人が好みのキャラクターを見つけられる。実際の制服がリニューアルすると、たいていそれに合わせて新しいイラストが描かれるが、旧バージョンのイラストも見られるので、鉄道制服の歴史事典のようにもなっている。

コレクションフィギュアから始まった

「鉄道むすめ」が初めて世に出たのは、2005年11月。コレクションフィギュアシリーズとして「白河ひばり」(日本食堂、現日本レストランエンタプライズ)、「船橋ちとせ」(小田急電鉄)など6種類が発売された。全長10㎝ほどのフィギュア(人形)で、パッケージには組み立て式のフィギュアのほか、キャラクターと彼女たちが活躍する鉄道現場のイラストが描かれたカードが入っていた。

「この頃は、鉄道が好きなフィギュアコレクター向けの商品でした。現在のような版権コンテンツではなく、企画から販売まで、当社で完結する商品だったのです。最初のうちは鉄道事業者さんから許諾をいただき、お借りした制服をうちの女性社員に着せて写真を撮り、イメージを作ったものです」(トミーテック)

フィギュアは、年間の出荷額が310億円(2018年度:矢野経済研究所調べ、以下同）と言われ、鉄道模型の112億円、プラモデルの278億円を超える市場規模がある。鉄道ファンとフィギュアコレクターを兼ねる人も多く、鉄道の制服を忠実に表現したフィギュアは、ファン待望の商品だった。

翌年3月には早くも第二弾が発売。2010年までの5年間で40人以上のキャラクターが誕生し、累計130万個を出荷した。2011年5月には、約12㎝にサイズアップし、表情パーツを追加したり、可動部を増やしたりするなどクオリティアップを果たした「鉄道むすめPLUS」シリーズが発売された。メディアミックスも盛んに行われ、コミックやドラマCD、家庭用ゲームなどの関連商品が発売されるなど、人気のコンテンツに成長したのである。

もっとも、トミーテックにとっては、大ヒットと言えるほどではなかった。フィギュアは1体あたりのロットが小さいうえに、ユーザーのクオリティに対するこだわりが強く、コストは高くつく。

「〝鉄道むすめ〟というブランドは定着しましたが、爆発的に売れたとまでは言えず、採算的には難しい面がありました」（トミーテック）

2012年9月、「鉄道むすめPLUS＋03」の発売を最後に、コレクションフィギュアシリーズはいったん区切りとなった。しかし、「鉄道むすめ」はここで終わったわけではなかった。すでに、次のステップがあちこちから芽を出していた。

町おこしに活用する事例が現れる

コレクションフィギュアに留まらない、「鉄道むすめ」の新しい流れ。そのひとつは2009年、埼玉県栗橋町（現・久喜市）の栗橋商工会（現・久喜市商工会）が、「栗橋みなみ実行委員会」を設立し、東武鉄道南栗橋駅にちなんだ「栗橋みなみ」を町おこしに活用し始めたことだ。地元高校生の提案によって始まったもので、商工会加盟の店舗がトミーテックや東武鉄道の許諾を受けて「栗橋みなみ」の関連商品を販売。2010年8月1日には久喜市栗橋文化会館で「栗橋みなみ夏祭り」を開催し、以来毎年の恒例行事となった。

2012年2月14日には、青森県の5つの鉄道とタイアップした「青森鉄道むすめ」が誕生する。これは、製品・素材を集中的にPRすることで、短期間での知名度向上とブランド化を図る青森県の「ブランド化促進モデル創出事業」の一環として行われたものだ。「八戸ときえ」（青い森鉄道）、「平賀ひろこ」（弘南鉄道）など、青森県内5つの鉄道のキャラクターをプロデュースし、「清水なぎさのりんごジュース」「八戸ときえの鯖缶せんべい汁」といった地域と結びついた関連商品が発売された。「青森鉄道むすめ」の5人は、フィギュア化を前提としない、版権ビジネスとして生まれた初めての「鉄道むすめ」だった。

東武鉄道では「栗橋みなみ」のほか、「姫宮なな」「大桑じゅり」「鬼怒川みやび」など複数の鉄道むすめたちが活躍している

　同じく2012年2月からは、東武鉄道やのと鉄道など全国6カ所にキャラクターの特製スタンプを設置する「全国〝鉄道むすめ〟巡り」スタンプラリーが開催。この頃から、ホームページなどで自社の「鉄道むすめ」を使ったプロモーションを行う鉄道事業者が増え始めた。クリアファイル、キーホルダーといったフィギュア以外のグッズも充実し、「フィギュアは買わないが鉄道むすめは

青森鉄道むすめのひとり、「清水なぎさのりんごジュース」。「清水なぎさ」は十和田観光鉄道（2012年廃線）のアテンダントという設定だ

好き」というファンが増えていったのである。

地方の鉄道を中心に引き合いが増加

「鉄道むすめ」は、フィギュアに留まらず「本物の鉄道の制服を着たキャラクター」として大きな可能性を秘めているのではないか。「栗橋みなみ」と「青森鉄道むすめ」などの展開を受けて、トミーテックは「鉄道むすめ」をコレクショフィギュアからキャラクター版権ビジネスにスイッチする。

２０１３年、模型雑誌の「電撃ホビーマガジン」（アスキー・メディアワークス）で「鉄道むすめＰｉｃｋＵｐ!!」の連載が始まった。これは毎月ひとりずつキャラクターのイラストを紹介するというものだ。イラストレーターはフィギュアシリーズのみぶなつき氏から、伊能津氏にスイッチ。「石山ともか」（京阪電鉄）、「星川みほし」（相模鉄道）といった大手私鉄から「鮎貝りんご」（山形鉄道）のような地方の第3セクターまで、幅広い新キャラクターが登場した。

「電撃ホビーマガジン」は、２０１５年5月発売の7月号で休刊となったが、トミーテックのウェブサイト上で「鉄道むすめＰｉｃｋＵｐ‼Ｗｅｂ」として継続した。雑誌という媒体は失ったが、イラストレーターは伊能津氏に加えてみぶなつき氏が復活。新たな描き手も加わったほか、同じキャラクターを複数のイラストレーターが描くといったことも増え、表現の幅が広がった。

その結果、２０１７年頃から、トミーテックに「鉄道むすめ」に関する鉄道事業者からの引き合いが急増する。以前は、トミーテックの方から鉄道事業者に「御社の制服を着たキャラクターを作りたい」と頼んでいたのが、鉄道事業者のほうから「我が社にも〝鉄道むすめ〟を」と依頼されるようになったのだ。キャラクターの数が70人を超え、「鉄道むすめ」はいつの間にか全国共通の鉄道キャラクターに成長していた。

鉄道事業者から見た場合、「鉄道むすめ」には数々のメリットがあった。まず、その導入コストの安さだ。通常、企業の公式キャラクターをプロのイラストレーターに依頼して制作し、模型をはじめ各種関連商品を展開した場合、導入コストが数百万円はかかる。だが、すでにフォーマットが決まっている「鉄道むすめ」なら、より低コストで導入が可能だ。すでに全国の鉄道で実績があるので、保守的な企業でも比較的企画を通しやすい。

独自のストーリーを設定・育成できるのも魅力だ。アニメは、作品によってストーリーが決まってしまうが、キャラクターは一人ひとりに、その鉄道に合った独自の物語を作ることができる。アニメ作品のように、列車に乗りきれないほどのファンが殺到するような大ヒットは望めないが、鉄道会社自身のアイデアで、息の長いキャラクターに育てることができる。

全国規模のプラットフォームに成長したおかげで、鉄道会社の横のつながりを強化する効果もある。例年開催されている「全国〝鉄道むすめ巡り〟スタンプラリー」（2020年はコロナ禍のため中止）といったイベントに参加することで、新しい利用者を呼ぶことができる。小ロット・低コストで、幅広い効果を期待できるというわけだ。

近年、特に参加事業者が増えていることについて、トミーテックは「少子化の影響から経営的に苦しく、なんとかしなくてはと危機意識をもっている鉄道事業者が増えています。そうした事業者が、他の活用してくださっている事例を見て、参入してくださるケースが増えているのでは。鉄道事業者の制服をテーマとすることで、時間と規律を守る、清潔で真面目といったイメージを出せている点も、受け入れられている理由かもしれません」

と分析する。

先見の明があったという点も見逃せない。最初の商品が発売されたのは、２００５年11月。現実のＡＫＢ48が活動を始めたのが、その翌月の12月からで、「鉄道むすめ」はご当地アイドルグループのパイオニア的存在とも言える。

アニメの世界でも、２００９年の「けいおん！」以降、２０１２年の「ガールズ＆パンツァー」、２０１３年の「ラブライブ！」など、学校の部活やクラスといった、女性グループを主人公とする作品が注目されている。

フィギュアのシリーズ展開によってキャラクターを増やし、スケールメリットが出たところで版権ビジネスに切り替えた「鉄道むすめ」は、時流にもうまく乗って、全国の鉄道をつなぐプラットフォームに成長した。

女性や高年齢者層をいかに引き込むか

２０１０年に始まった「栗橋みなみ夏祭り」は２０１９年に10周年を迎え、全国35の鉄道事業者やタレント、声優などが集まる関東有数の鉄道イベントに成長した。各地では、「鉄道むすめ」のラッピングトレインも運行されている。最近新しく発表されたキャラクターは、より大人の雰囲気を備えた、老若男女に受け入れられるデザインになっている。

鉄道事業者にとっての問題は、「鉄道むすめ」の場合、ファン層がどうしても男性層に偏ってしまうことだ。現代のアニメ・キャラクターコンテンツは、男性ばかりでなく女性にも人気が高い。高校・大学競泳をテーマとした「Ｆｒｅｅ！」の舞台となった鳥取県岩美町や、フィギュアスケートを取り上げた「ユーリ！！！ｏｎＩＣＥ」の佐賀県唐津市など、女性ファンが「巡礼」している「アニメ聖地」も多い。西武鉄道のキャラクター電車も、どちらかと言えば女性に受けている。単純に男性キャラクターを作れば良いというものではないが、いかに女性や高齢者層を自社のファンとして引き込むかが、鉄道事業者にとっての次の課題だ。

それでも、「鉄道むすめ」は地方の鉄道にとってありがたい存在だ。鉄道にとって、最も重要なのは、沿線に暮らす人々に日常的に鉄道を利用してもらうこと。だが、それと同じくらい、外から地域を訪れる人を増やしていかなくては、地域の衰退も進み、鉄道の未来も危うい。

低コストで物語とブランドを作れる「鉄道むすめ」は、地域と鉄道に人を呼べる貴重なコンテンツのひとつとなっている。

あとがき

日本人はやっぱりアニメと鉄道が大好き

２０１９年から２０２０年にかけてのアニメは、「鬼滅の刃」が席巻した。２０２０年10月16日に公開され、３日間で３４２万人を動員した劇場版「鬼滅の刃 無限列車編」は、タイトルが示す通り蒸気機関車がけん引する「無限列車」が登場する作品だ。テレビ版のラストから続く、原作漫画でも描かれたエピソードで、「無限列車」の車内が舞台のひとつとなる。実在の列車ではないが、鉄道のもつ独特の情感が、この作品でも存分に発揮された。

11月1日には、ＪＲ九州が国内最古の現役蒸気機関車８６２０形５８６５４号機を使用した「ＳＬ鬼滅の刃」を熊本～博多間で運行を開始。ボイラー正面のナンバープレートを、アニメと同様の「無限」に変更して「無限列車」仕様とした。ＪＲ九州は８８５系「かもめ」（博多～長崎）、「ソニック」（博多～大分）と８８３系「ソニック」（博多～佐伯）でも「鬼滅の刃」ラッピングトレインを運行しており、２０２０年最大のアニメ×鉄道コラボとなった。

本書の取材を始めた頃、「新幹線変型ロボ シンカリオン」を一家で熱心に見ていたという保倉圭一郎さんご一家から話を伺った。最初は、ロボットアニメとして5歳の息子さんが喜んで見ていたが、いつしか両親の方が熱心に見るようになっていたという。豊富なオマージュやパロディが盛り込まれた「シンカリオン」という作品の特性もあったが、親子・男女分け隔てなく楽しめるコンテンツになったのは、誰にとっても身近な存在である「鉄道」をテーマにしていたからだ。

保倉さんの妻・亜紀さんの「シンカリオンは、鉄道が好きな人のつながりを魅せてくれたのがとても良かった」という言葉も印象に残った。学校以外にもコミュニティがあること、趣味でつながる仲間を作れることを子供たちに教えてくれたと言う。これも、実在する町と鉄道を舞台とする作品だからこそのことだろう。

今も全国では、さまざまなコラボレーションが行われているが、本来鉄道はきわめて現実的な存在だ。日々、秒単位で安全・正確な運行を行い、多くの人と物を輸送する鉄道に、本来「空想」が入り込む余地はない。

その鉄道に、ラッピングトレインのような形でアニメーションやキャラクターが加わると、より幅広い人々に認知される。作品中に駅や列車が描かれれば、遠く離れた人に鉄道の存在を知ってもらえる。長期的には、公共交通として多くの人に親しまれ、選択してもらえる効果が期待できる。

アニメーションは、知名度の高い実在の鉄道を描くことで作品のリアリティを手に入れ、作品世界が現実に存在するかのように見てもらえる。もちろん、より多くの人に作品を知ってもらえるチャンスも増える。

キャラクタービジネスの世界でも、「鉄道むすめ」に続き、スマートフォン用ゲームアプリの「駅メモ!ステーションメモリーズ」が人気を集めている。スマホのGPS機能を利用して、全国の鉄道駅を実際に訪れ美少女キャラクターの「でんこ」を集める、スタンプラリータイプのゲームで、各地の鉄道事業者とのコラボレーションも増えている。

本書のために、全国の鉄道とアニメーションのコラボレーションを取材してきたが、日本の人々はやっぱりアニメと鉄道が大好きなのだ。多くの人が好きなコンテンツがふたつ重なれば、盛り上がるのは当たり前だ。アニメクリエイターの方は、楽しそうに鉄道を語り、鉄道事業者の方も嬉しそうにアニメを語ってくださった。何より、ファンや「聖地」とされた地域の方々が、嬉々として話してくださったことが印象的だった。

次は、どんな面白いアニメ作品が生まれるか、どんな列車が走るのか、楽しみは尽きない。

本書の執筆にあたり、多くのアニメーション関係者、鉄道事業者、自治体、そしてファンの方々にご協力をいただきました。大変勉強をさせていただいた多くの皆さまに、改めてお礼申し上げます。

２０２０年11月11日　栗原 景

主な参考文献

『大塚康生の機関車少年だった頃』（大塚康生著／南正時責任編集、クラッセ、２０１６年）
『作画汗まみれ　改訂最新版』（大塚康生著、文藝春秋、２０１３年）
『遠く時の輪の接する処』（松本零士著、東京書籍、２００２年）
『映画を作りながら考えたこと　「ホルス」から「ゴーシュ」まで』（高畑勲、文藝春秋、２０１４年）
『日本ＳＦアニメ創世記』（豊田有恒著、ＴＢＳブリタニカ、２０００年）
『日本アニメ誕生』（豊田有恒著、勉誠出版、２０２０年）
『他力本願　仕事で負けない７つの力』（押井守著、幻冬舎、２００８年）
『仕事道楽　新版 スタジオジブリの現場』（鈴木敏夫著、岩波書店、２０１４年）
『天才の思考　高畑勲と宮崎駿』（鈴木敏夫著、文藝春秋、２０１９年）
『ＴＶアニメ青春記』（辻真先著、実業之日本社、１９９６年）
『学校へ行けなかった私が「あの花」「ここさけ」を書くまで』（岡田麿里著、文藝春秋、２０１７年）
『聖地巡礼・アニメ・マンガ12ヶ所めぐり』（柿崎俊道著、キルタイムコミュニケーション、２００５年）
『聖地巡礼　世界遺産からアニメの舞台まで』（岡本亮輔著、中央公論新社、２０１５年）

『巡礼ビジネス　ポップカルチャーが観光資産になる時代』（岡本健著、ＫＡＤＯＫＡＷＡ、２０１８年）
『アニメが地方を救う!?「聖地巡礼」の経済効果を考える』（酒井亮著、ワニ・プラス、２０１６年）
『聖地巡礼ツーリズム』（星野英紀・山中弘・岡本亮輔編、弘文堂、２０１２年）
『ディズニーランドの秘密』（有馬哲夫著、新潮社、２０１１年）
『創造の狂気　ウォルト・ディズニー』（ニール・ゲイブラー著、中谷和男訳、ダイヤモンド社、２００７年）
『ガルパンの秘密』（ガルパン取材班、廣済堂出版、２０１４年）
『大洗ガルパン・トラベル・ガイド～ガルパン聖地巡礼の手引き～』（廣済堂出版、２０１３年）
『聖地会議ＶＯＬ.８』（柿崎俊道著、ブックリスタ、２０１７年）

栗原　景（くりはら　かげり）
1971年東京生まれ。小学生のころからひとりで各地の鉄道を乗り歩く。旅と鉄道、韓国をテーマとするフォトライター、ジャーナリスト。旅行ガイドブックの編集を経て2001年からフリー。主な著書に『地図で読み解くJR中央線沿線』（岡田直監修／三才ブックス）、『東海道新幹線沿線の不思議と謎』（実業之日本社）、『東海道新幹線の車窓は、こんなに面白い！』（東洋経済新報社）など

交通新聞社新書147
アニメと鉄道ビジネス
キャラクターが地域と鉄道を進化させる！
（定価はカバーに表示してあります）

2020年12月15日　第1刷発行

著　者――栗原　景
発行人――横山裕司
発行所――株式会社　交通新聞社
https://www.kotsu.co.jp/
〒101-0062　東京都千代田区神田駿河台2-3-11
NBF御茶ノ水ビル
電話　東京（03）6831-6560（編集部）
東京（03）6831-6622（販売部）

印刷・製本―大日本印刷株式会社

ISBN978-4-330-08320-9